江西文化符号

江　西　文　化　符　号　丛　书

编委会

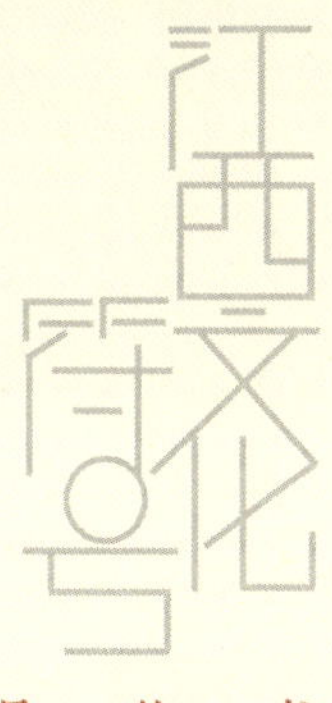

江 西 文 化 符 号 丛 书

豫章文化

YUZHANG WENHUA

陈立立 / 著

江西人民出版社
江西美术出版社

出版前言

江西“物华天宝，人杰地灵”“雄州雾列，俊采星驰”，是人文渊薮之地，文章节义之邦。

在历史的眷顾中，文明与智慧在这片古老而富饶的土地上激荡、交融、沉淀、升华，孕育了兼容并蓄、海纳百川、多元特质的江西文化，涌现出辉映史册的杰出人物，积淀了弥足珍贵的人文资源。在整个中华民族的文明史上，江西文化浓墨重彩、影响深远。宋明时期，全盛的江西文化更是成为中华民族文化的结晶和代表。新民主主义时期，江西是全国苏维埃运动的中心区域，成为中国革命胜利前进的伟大基地，红色文化璀璨辉煌。这些具有独特魅力的江西文化散发出馥郁的芬芳，蕴含着温润的力量，氤氲在历史的光阴中，汇聚在时代的大潮中，滋润着广袤的赣鄱大地，滋养着广大的江西儿女。

“文化是一个国家、一个民族的灵魂。”为了深入贯彻习近平新时代中国特色社会主义思想，特别是习近平总书记关于文化建设的重要论述，江西省委、省政府把文化强省作为重大战略，出台了《关于加快文化强省建设的实施意见》，明确提出到2025年，江西要建设成为在全国具有较大影响的文化强省。《江西文化符号丛书》的出版正是江西省委宣传部深入学习习近平新时代中国特色社会主义思想，落实文化强省建设的一项具体行动。

我们策划出版这套《江西文化符号丛书》的初衷，就是力图将江西符号与江西形象、文化自信和文化思考，一起熔冶进书中，通过底蕴深厚的文字与精美个性的画面，带领人们理解江西文化的内涵，感知江西文化的灵魂，藉以给人们梳理出一个清晰的文化发展脉络，提供一个宽敞的文化游历空间，架构一座理解传统文化与先人智慧的桥梁，活化一种历史记忆和时代精神的生动传承。

《江西文化符号丛书》的出版是一项系列工程。当前，我们选取了相对立体的涵盖江西特色文化基本面的12种文化作为第一辑出版，即《红色文化》《山水文化》《陶瓷文化》《书院文化》《戏曲文化》《农耕文化》《商业文化》《中医药文化》8种特色文化，以及《临川文化》《庐陵文化》《豫章文化》《客家文化》4种地域文化。这些都是在江西历史上经过时间检验，已经形成广泛影响，并在较大范围内获得公认的文化成就和文化现象，它们是一道光、一条路，引导人们向光而行，不断续写新的华章。同时，江西文化元素丰富多彩，文化明珠灿若星河，除了以上12种之外，儒家文化、佛道文化、青铜文化、吴城文化、建筑文化等都是江西有重要影响的文化元素，我们将在后续出版规划中予以考虑。

我们在编撰工作中紧紧围绕“正”“专”“新”“特”“精”“美”来精耕细作。“正”，是指传播正能量，把好政治导向关；“专”，是指既要雅俗共赏、通俗易懂，又要体现学术层面的专业性和权威性；“新”，是指所选内容，不但要注重文化源远流长的历史和发展特征，更要延伸这种文化的美好前景及其在当下生生不息的生命力；“特”，是指文化内容一定要选取最有特质、最有代表性的符号来讲述；“精”，是指选材精、表述精、制作精，以打造精品图书的标准来组织实施；“美”，是指图文并茂，精美雅致，让读者沉浸在美景美物的故事和文化意境中，怦然心动，产生共鸣。

丛书的出版得到了有关方面的鼎力支持和帮助。中共江西省委常委、省委宣传部部长施小琳同志对丛书的编撰出版高度重视，多次研究协调。时任江西省人大常委会党组副书记、副主任朱虹同志，中共江西省委宣传部老领导刘上洋、姚亚平同志对丛书的编撰出版给予了悉心的指导。在丛书配图方面，江西省各设区市委宣传部以及江西画报社提供了有力的支持。在书稿审读过程中，中共江西省委党史研究室、江西省社会科学院、江西省文联、江西省博物馆等众多单位以及江西师范大学、南昌大学等众多高校的专家学者提供了学术上的指导。丛书各册的作者克服了诸多困难，在相对较短的时间内，精心构建框架，广泛搜集资料，创新表达方式，倾情进行写作，为丛书的顺利出版付出了艰苦的努力、巨大的心力。丛书还参考了一些研究成果和图片资料，使用了省内部分摄影家的作品。在此，我们谨向所有支持、帮助过该丛书出版的领导、专家、学者致以衷心的感谢！

限于时间相对匆促，在编撰出版过程中，难免存在缺憾和不足，敬请广大读者批评指正！

丛书编委会

2021 年 4 月

目 录

CONTENTS

第三章

俊采星驰

第四章

美丽乡村

第五章

豫章民俗

导言

豫章文化是豫章人的生活样式，即行为准则以及物化观念。豫章文化还是赣文化的代表，它以南昌市为核心，经过周边县区，向全省传播，逐渐演变，形成了今日的赣文化。

豫章文化在物质上的表现有很多。豫章古城墙，看似无型，实则有规。在两汉时开六门，北宋时期有十六门，其实开门是有讲究的，既要满足守卫城市的需要，又要方便进出，于是在早期城市小的时候，城门开得少；在城市扩大后，城门开得多，城门多少需要按照这个原则。西汉初年灌婴就奉命在南昌修建城墙，在罗珠手里完成筑城的任务，这为江西各府县治城墙的修建树立了标杆。

随着经济的发展，人口的增加，豫章城逐渐扩大。至北宋仁宗年间，南昌城墙规模最大。此后城墙尽管修得更加坚固，但规模在缩小，直至 1928 年城墙拆除。城墙的变化，反映着南昌自然经济由小到大的发展，然后由强转弱，最后逐渐消失。书中对豫章城墙的演变做了详细的表述。

豫章古村落，向来讲究天人合一。天人合一有一定的科学依据，例如豫章的山村，一般建在山的南麓；平原村庄一般建在江河或溪水边；湖边村庄一般建在堆起来的高地上。在自然经济条件下，豫章古村落都是宜居的，有一定的科学道理。如山村建在能够更好地接受阳光、避开西北风、不占良田或者少占良田的地方，如此一来，扩大了生存空间；近水村落取水方便，水运发达，离耕地近，便于提高劳作效率；湖边高地村落，避开了洪水、潮湿等侵害，便于人们健康生活等。一般来说，凡是比较典型的豫章村落，都符合天人合一学说。

豫章典型民居，是单独天井院落，青砖黛瓦；坐北朝南，南低北高；南面开门，北面开窗；屋内空间高大，南北通透；屋内地面，由南向北呈阶梯状，总体高于屋外；东西两面的防火墙高出屋顶，南面墙矮北面墙高。居住在这样的建筑物内，冬暖夏凉，空气畅通，阳光充足，视野开阔，既可避雨挡风，又可祛湿散潮，一年四季皆宜居住。邻居失火，被防火墙隔开，自家不易遭殃。豫章民居是将北方四合院与南方竹寮相结合，在改造的基础上，适应当地春季潮湿、夏季闷热、冬季寒冷的气候环境而创新的建筑。当然豫章民居也有特例，如因谋生的需要，不得不面向北面或西面开门的情况，为了避开北风，或者避免西晒，往往会在大门内建一座照壁，以减少北风直吹或太阳直射。建照壁的做法，实际上是生活的需要，但往往被一些江湖术士利用，说照壁是辟邪挡鬼的，应该如何如何建，实际上他们是在利用传统建筑设计原则招摇撞骗。

豫章墓葬传统不是自古就有的，而是经历了一个漫长的演变发展过程。按理来说，刘贺是海昏侯，在他的侯国土地上建墓地，应该可以选一个绝佳的地方，然而事实上海昏侯下葬的位置不是传统观念的宝地。我们再来看明代宁王朱权的墓葬，他葬在缑岭东南面的山麓，背靠西北面缑岭，面向东南开阔的平地，两边呈斜坡的山丘。朱权的墓就在这个呈太师椅地形的中心位置。按照传统墓葬观念来说，这里是绝佳的风水宝地。汉代海昏侯与明代宁王朱权坟墓位置不同，说明汉代与明代墓葬观念不同。汉代墓葬观念认为，把侯王的墓建在山丘顶上，就是最好的；明代墓葬观念已经成熟，所以将朱权墓建在传统观念认为的宝地上。从两座时代不同的藩王墓上，我们可以知道墓葬传统是不断发展演变的。

豫章文化中的行为准则十分丰富，其中“耕读”思想就是深入南昌人骨髓中的准则之一。所谓“耕”，就是维持生存的基本条件，所谓“读”就是谋求未来的发展。耕读思想长期支撑着南昌人思维。底层平民在耕读思想支撑下，挑选家中最聪明的儿子走读书当官之路，其他儿子则以劳动谋生，因为全部小孩读书供不起，只能挑选一个读书，其他的兄弟为维持家中的开支而劳作。像这样的例子在豫章传统村落里很普遍。随着城市的扩大，尽管有的家庭不务农了，但这种思想是根深蒂固的，最聪明的儿子是要出来读书的，其他的儿子根据家里的经济条件，或者务农，或者经商，或者做手艺。读书当官了的人，就是发展了，为家庭争得了荣誉，理应帮助家庭其他兄弟。随着时代的发展，现代尽管没有科举考试了，但这种意识仍然存在。有人概括为“南昌人一会养猪，二会读书”，“养猪”就是维持生存，“读书”就是谋求发展，实际上是“耕读”意识的现代翻版。只不过读书在今天不仅只有当官一种前途，而是有多种获得成功的方式。

另外，豫章的历代名人就像天上繁星，数不胜数。每当讲起豫章历史上名人事迹，凡是南昌人都能说出一二来，从而为家乡感到无比骄傲自豪。实际上，今天的南昌人或多或少都受到了历史名人思想和事迹的影响。

豫章文化符号不可能面面俱到，只能把典型的提出来分析，如在记述保留历史信息的方言时，对自然观察的方言、保留传统生产方式的方言、在其他地方听不到的南昌方言，做了一些分析和说明。又如豫章人炊事、饮食都喜爱使用瓷器来完成，对于其他材料的炊具、餐具，能够用瓷器代替的都尽可能用瓷器代替，其中原因在书中都有一些分析。

第一章 江西首府

JIANGXI SHOUFU

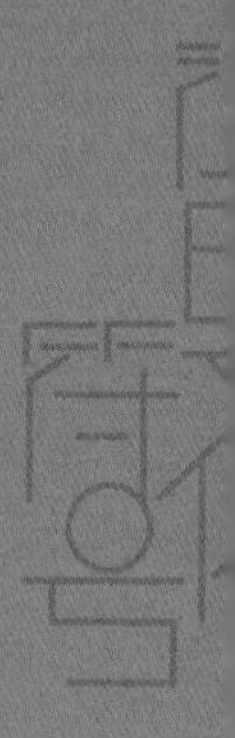

南昌市是江西核心地区，是江西最早设置郡治的地方，是江西文化的中心。自汉代开始，南昌就设置了豫章郡，隋代豫章改名为洪州，唐代属江南西道管辖，洪州成为江南西道最大都市。五代十国时，洪州升为南昌府，一度成为南唐的“南都”。北宋孝宗年间改名为隆兴府，此后经过多次更名，至明代南昌府名称固定下来，一直是江西省会城市。南昌水陆交通便利，传统工农业发达，物产丰富，是兵家必争之地。然而两汉时期南昌与江南其他地方一样是瘴疠之地、生命禁区，唐末五代率先改善南昌的生活条件，北宋南昌开始成为人类宜居之域。

一、古代南昌的变迁

兴起的豫章故郡

南昌是一座具有 2200 多年历史的江南名城，始建于汉初。汉高帝五年（前 202），刘邦命大将灌婴率汉军渡江南下，旨在消灭江南的大小割据势力，逐步统一天下。南下的汉军所向披靡，迅速占据长江以南大片土地。是年，汉高祖拆九江郡所属江右之地，设立豫章郡，作为江南重镇，命灌婴率军驻守。当时的豫章郡下辖南昌、柴桑（今九江、庐山）、鄱阳、南城、庐陵（今吉安）、宜春、雩都、南壄（今大余、南康）等 18 个县，管辖着今江西大部分市县的辖区。大有“昌大南疆”之意，为南昌逐步成为江西省政治、军事、经济、文化的中心，奠定了基础。

灌婴着手修建豫章郡城。平定豫章后，豫章邑人章文献出南昌图，并以南昌当诸道要冲，建议于此兴建豫章郡城。

为加快江南重镇的建设，灌婴接受了章文的建议，筹划在章江（今赣江）、盱江（今抚河）交汇处附近，扼秦时古驿道处，利用丘陵与河湖夹峙的地形地貌，临章江、盱江，以水据险，凭高夯土筑城。当时，由于外部尚未平定，灌婴忙于征战，无暇他顾，筑城工作尚未启动。直到平定淮南王英布的叛乱，于汉高帝十二年（前 195），灌婴才启动筑城工作，派章文负责具体的设计和监建。不久灌婴离开豫章，回到朝廷，筑城工程暂被搁置。

罗珠续建豫章城。汉惠帝三年（前 192），治粟内史罗珠出任九江郡守。灌婴上表朝廷，极力推荐罗珠主持并继续完成南昌筑城工程。罗珠偕妹夫石固，依靠民众的力量，历经 4 年，终于在汉惠帝七年（前 188），完成了筑城。建成后的豫章城，辟有六门，南有南门和松阳门，西有皋门和昌门，东有东门，北有北门，六门互相连通。绕城一周十里八十步，城区面积约 4 平方公里。松阳门为最大的城门，正对着秦时古驿道，城门内侧植有一棵樟树。据《太平寰宇记》引《豫章记》记载“昔松阳门有大樟树，高十七丈，四十五围，枝叶扶疏，庇荫数亩”，后来有不少人认为豫章由此得名。出于对灌婴的怀念，人们把南昌城称为“灌婴城”，简称“灌城”。豫章城既是郡治所在地，也是南昌县治所在地，因此也被称作“南昌城”。后人在今南昌火车站东南约 4 公里处的黄城寺发现古城遗址，有人认为是灌婴城旧址。据南朝宋初人雷次宗《豫章记》记载：“太守张躬始筑堤，以通南路，谓之南塘（太湖的一部分，今西湖），以蓄江水，冬夏不增减，水清至深，鱼甚肥美。”

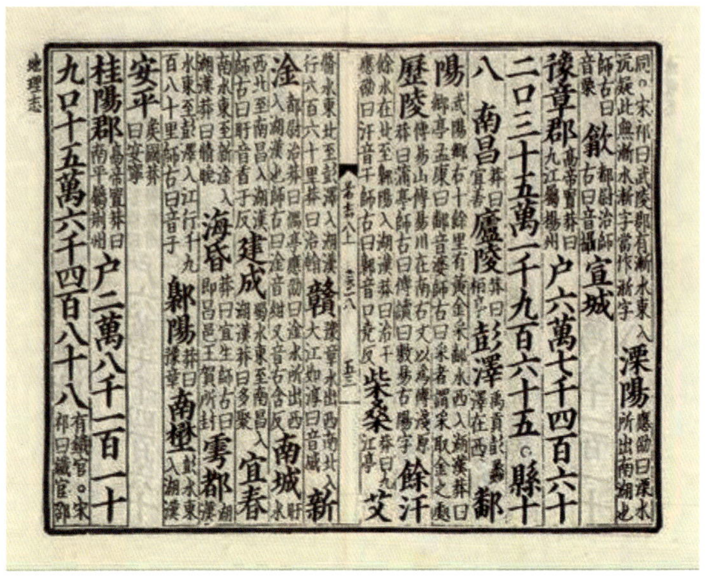

同。宋祁曰武陵郡有潕水東入沅疑此無潕水潕字當作潕字 溧陽 應劭曰溧水所出南湖也

師古曰音彙 歙 都尉治師古曰音攝 宣城

豫章郡 高帝置莽曰九江屬揚州 戶六萬七千四百六十二口三十五萬一千九百六十五。縣十八

南昌 莽曰宜善 廬陵 莽曰桓亭 彭澤 禹貢彭蠡澤在西 鄱陽 武陽鄉右十餘里有黃金采鄱水西入湖漢莽曰鄉亭孟康曰鄱音婆師古曰采者謂采取金之處

歷陵 莽曰蒲亭傅易山傅易川在南古文以為傅淺原師古曰傅讀曰敷易古陽字 餘汗 餘水在北至鄡陽入湖漢莽曰治干應劭曰汗音干師古曰鄡音口堯反 柴桑 莽曰九江亭 艾 修水東北至彭澤入湖漢行六百六十里莽曰治翰 贛 豫章水出西南北入大江如淳曰音感 新淦 都尉治莽曰偶亭應劭曰淦水所出西入湖漢也師古曰淦音紺又音古含反 南城 盱水西北至南昌入湖漢師古曰盱音香于反 建成 蜀水東至南昌入湖漢莽曰多聚 宜春 南水東至新淦入湖漢莽曰修曉 海昏 莽曰宜生師古曰即昌邑王賀所封 雩都 湖漢水東至彭澤入江行千九百八十里師古曰音于 鄡陽 莽曰豫章 南埜 彭水東入湖漢

安平 侯國莽曰安寧

桂陽郡 高帝置莽曰南平屬荊州 戶二萬八千一百一十九口十五萬六千四百八十八 有金官。宋祁曰鐵官郡

地理志

《汉书·地理志》中有关豫章郡十八县的记载

北魏郦道元《水经注》也载：“和帝永元中，豫章太守张躬筑塘以通南路，兼遏赣江洪水，冬夏不增减，水清至深，鱼甚肥美。”显然，张躬筑堤是为了郡治不被水淹。可见，东汉豫章郡的治所不在黄城寺附近，而在今南昌城。所以，又有人认为黄城寺古城遗址可能是三国孙奋所建的离宫，而非灌婴所筑之城。

从汉初到西晋豫章郡的辖区虽时有变化，但郡治南昌城的轮廓基本上没有多大的变动。随着城市人口的增多，城市扩容势在必行。东晋咸安年间（371—372），豫章太守范宁，对城墙做了较大的整修，并新辟东北和西南两个城门，以东北门对皋门，以西南门对松阳门。这样豫章城就有八个城门，城区面积也扩增了四分之一。有人根据雷次宗《豫章记》“东湖，郡城东，周四十里，与江通”以及郦道元《水经注》“东太湖（又称东湖，后被分隔成东湖、西湖、北湖、南湖），十里二百二十六步，北与城齐，南缘回折至南塘，水通大江，增减与江水同”的记载，认为西晋已把南昌城从灌婴的黄城寺城往西北（即今南昌老城区址）迁移，那么东晋范宁将旧城整修，增加两门，整修的是旧城，还是迁后的新城呢？如果是西晋所迁新城，范宁怎么将“西南门对松阳门”？还有一种观点认为，现在的南昌城是唐代新建的。如果这样，那么南北朝时的雷次宗、郦道元怎么可能知道几百年后的洪州城会在太湖西边，以及江、城、湖连接的情形呢？所以灌婴所筑之城，原址就在今南昌老城区。

从汉初至隋朝，江山多次易主，南昌一直是豫章郡的郡治，辖区在两汉时期不断扩大，到东汉时期已辖 21 县，人口也大幅度增加。据东汉永和五年（140）的资料统计，

汉代紫金城城墙遗址

辖区人口已达 1668906 人，居全国第三位。自三国到南朝，豫章郡的辖区逐步收缩，到南朝陈时，只辖七县。光绪《吉安府志》也记载了这里发达的商业：“商贾交易聚西南二关两街，起南门，达南塔寺，铺舍稠密，烟火万家。”

发展的洪都新府

洪州名称的来历。在南昌城区的西郊，有一列延绵三百里的山脉，名曰西山。相传大约在距今 4500 年前，黄帝的乐臣伶伦，为了学习苗族人的吹笛技巧，来到这里。他选中了山中瀑流飞湍、崖壁陡峭的洪崖，在此隐居。从此，人们把伶伦称作洪崖先生。洪崖先生选竹制笛，吹奏时能发出不同的声音。他把这些箫笛声编成乐谱，创制出十二音律。据说洪崖先生在此修炼成仙后，不知所终，留下了许多美妙的传说。从此，仰慕洪崖先生来此隐居修道者，接踵而至，相继不断。罗珠在完成南昌筑城工程后，不久，亦便结庐洪崖，论经讲道。南朝刘宋著名诗人谢庄写下了《游豫章西观洪崖井》的诗篇，表达对洪崖先生的膜拜以及终老于斯的愿望。至隋朝，西山洪崖已成为政客、文人和宗教人士仰慕和朝拜之地。隋开皇九年（589），隋文帝杨坚在完成了南北统一大业后，将豫章郡更名为洪州府，从此南昌又有了一个新的名称“洪都”。

唐代南昌城有三次扩建。唐初时，盱江、南塘逐渐壅塞，部分港汊消失，滩、洲连成一片，于是，将西南城墙外移。武则天垂拱元年（685），洪州都督李景泰，又将西北城墙外移，城墙外移完工后，将八个城门重新装饰，使其更加壮丽；还请来当时著名书法家、吏部侍郎徐浩，题写了城门门额。唐贞元十五年（799）还在太湖建造了洪恩桥，将太湖分割成东湖和西湖。唐宪宗元和四年（809），韦丹出任江西观察使，又对南昌城进行了扩建，并用陶砖增筑城墙。通过唐朝的三次扩展，唐洪州城比先前的汉豫章城扩张了1倍，城区面积已近10平方公里。

除此之外，韦丹还从三个方面对南昌城进行了整治。

首先，重治水患。南昌地区降水很不均匀，雨季集中在杨梅成熟的四五月间，每年这时常常是暴雨连日，下个不停。南昌城区地势低洼，一下大雨，积水不能及时排泄，就会形成内涝，如遇连日特大暴雨，江水猛涨，必然泛滥成灾。自古以来，水灾频繁发生，成为南昌居民的心头大患。在韦丹之前，东汉豫章太守张躬在太湖外，筑堤坝以阻江水，内湖蓄水养鱼。南朝刘宋景平初年，豫章太守蔡廓"起西堤，建水门（水闸）"，有效地控制了章江、盱江、太湖之水。韦丹主政期间，总结了前人治水的经验，组织郡民在城外沿章江边筑起了一道高大的堤坝，堤坝全长12里，并在章江和盱江交汇处的水关桥设置内外水闸。当内湖水满时，开启内外闸，放水出江；当外江水涨时，则关闭外闸，阻止江水入城；当江湖皆水满时，关闭外闸，开启内闸，让湖水过豫章沟（城墙外的护城河），归入青山湖，再下艾溪湖。他还在城内疏浚下水涵道，排渍去污，保证积水排泄畅通；掏去太湖壅塞的淤泥，加高湖岸，并植上柳树护岸，以增大内湖的蓄水能力。至此水患大为减少。韩愈在《唐故江西观察使韦公墓志铭》中说："公去位之明年，江水平堤，老幼泣而思曰：‘无此堤，吾尸其流入海矣。’”

其次，改造民居。韦丹就任洪州刺史之前，民居多用毛竹和茅草搭建而成，易于失火，常常一炬而成大灾，成片茅舍被焚毁。韦丹请来窑工，遍教郡民烧制砖瓦，并由官府出钱，建造木质结构的砖瓦房四千多栋，供居民居住。一时间闾阎扑地，洪州城焕发出崭新的面貌。

再次，整修街道。《唐书》记载江西观察使韦丹在洪州城内“督置南北市，为营以舍军……为衢南北，夹两营，东西七里”。从这里可以看出，韦丹对城市街道进行了较大规模的整修，拓宽主干道，使城市的中央各有一条贯通南北东西的主干道，直达东西南北四个城门。主干道的两侧，又有若干条干道互相连接，通向各个城门，各干道间置有不同功能的店铺、作坊和民居。为方便居民生活，开辟南市、北市，作为集市贸易所在地，于是城市的功能进一步增强。

经过韦丹的治理，城市面貌大为改观，洪州城成为商贾云集、人烟兴旺的江南大都市，江西政治、经济、文化的中心。

隋唐以来，南昌是道、府、县三级机构所在地。隋朝的洪州府下辖豫章、丰城、建昌、建成四县（辖区包括今南昌、丰城、安义、永修、靖安、奉新），府治设在豫章县城（今南昌市）。到了唐代，州县之上设立“道”，唐初洪州府属江南道。唐玄宗从江南道分出江南西道，洪州府隶属江南西道，增加高安、武宁、分宁（今修水）三县，共七县（辖区包括今天的南昌、丰城、永修、安义、靖安、奉新、高安、武宁、宜丰、修水）。道、府、县治均设在豫章县城（今南昌市）。道、府、县三级机构设在同一个城市，从此，江南西道，简称“江西”，江西的名称由此而来。公元 762 年，因避唐代宗李豫名讳，一度将豫章县改为钟陵县，南昌城也一度改名为钟陵城。

短命的南唐南都

南唐于公元 937 年建立，经过李昪、李璟父子的艰苦创业，最强盛时占据着 35 个州，地跨长江两岸，包括今江西全境及江苏、安徽、福建大部，湖南、湖北的一小部分。这时，在中国北方，有一个与之对峙的政权——后周。后周在柴荣主政期间，突然崛起，凭借其强大国力，柴荣于公元 955—958 年，三次发兵讨伐南唐。面对后周咄咄逼人的攻势，南唐毫无招架之力。李璟被迫将长江以北十四州割让给后周，并向后周称臣。此时，南唐北境尽失，作为国都的金陵（今南京）与后周只有一江之隔，形势十分危急。为保全国土，李璟于公元 959 年十一月，升洪州为南昌府，定为南都，决定迁都于此；并在南昌大兴土木，将东门改为东华门，将西门改成西华门，并大加装饰，使其更加高大壮丽。拓宽韦丹所建的东西主干道，建成鸣銮路（今中山路），并按照金陵的规模，修建皇宫（南唐皇宫位于今中山路东段以北，八一大道以西，上营坊街以南，苏圃路以东）。由于形势危急，南唐王朝没有充分的时间按照他们设想的方案，完成对南昌城的改建。在建完长春殿（今南昌二中内）、澄心堂等宫殿后，便正式迁都。公元 961

年二月，李璟留太子李煜在金陵监国，率文武百官逆长江而上，水陆并进，由九江转入赣江，奔向南昌。一时间旌旗蔽空，锣鼓喧天，热闹异常。

当时的南昌难以满足文武百官办公和住宿的需要，本来就反对迁都的官员们，更是抱怨居所迫隘，生活不便，纷纷吵着回迁。李璟也认为“洪州乃藩镇之地，及为王都则湫隘尤剧”，后悔不已。迁都没能换来重整旗鼓的士气，反而招来群臣诸多的埋怨，导致君臣离心。李璟因而心灰意冷，一病不起，病逝于长春殿，南都的历史至此结束。

南昌地处长江中游，处在金陵上游，又是南唐腹地，既可以避开后周前锋，也有利于发挥水军顺流而下的作战优势。无论地理形势，还是战略地位，在当时的情况下，南昌明显优于金陵，且南昌建城历史悠久，周边是鱼米之乡，储粮丰足，又经过唐朝的建设，已经成为江南的大都市。可以说李璟的这一抉择本来是不错的。但大臣们心怀私念，舍不得抛下在金陵的庞大家业，同时李璟和大臣都耽于享乐，才导致迁都失败。如果君臣同心，卧薪尝胆，奋力一搏，或许还能挽救南唐的覆灭命运。

南唐定都南昌，对南昌的城市规制有所促进，客观上对南昌城市建设起了一定的推动作用，但由于时间短促（仅4个月），犹如闪电划过，并未给南昌的发展和繁荣带来实质性的变化。1852年，太平军的一把火，将南唐的全部建筑遗存化为灰烬，至今仅遗“皇殿侧”这一地名，以此得知南唐的皇宫在南昌大致的位置。

隆兴的隆兴府

北宋时的南昌已是繁华的大都市。宋太宗淳化元年（990）秋七月，赣江洪水猛涨，毁坏城郭31处，淹2000多户民居。到宋仁宗时，知州赵概调集南昌、新建两县几千民工，以石砌堤，堤长二百余丈，高一丈五尺。这是南昌建城以来最早用石料筑起的江堤。北宋王朝还对洪州城进行了一次大规模的扩建，扩建后的洪州城，周31里，城区面积近20平方公里，比唐洪州城扩大了近一倍。这是古代面积最大的南昌城。设置16座城门：南为抚州门，城墙向西延伸，然后由南向北绕，依次有官步门、寺步门、柴步门、井步门、章江门、仓步门、观步门、洪乔门、广恩门、北郭门，这十一座城门皆临水（南塘、盱江）；从抚州门向东延伸，然后由南向北绕，依次有琉璃门、坛头门、故丰门、广丰门、望云门，这五座门皆建在陆地。

南宋迁都临安，南昌的战略地位更加凸显，于是升洪州为帅府，地位仅次于都城临安。绍兴六年（1136），南宋派抗金名将李纲坐镇南昌。因章江冲下来的泥沙，大量淤积在城东北滨江处，导致河床抬高，江河压城。李纲见此情景，于是横截东北城隅，将城墙南移三米多，废去北郭门、故丰门、广丰门、望云门四道城门，只保留十二道城门。嘉定中，通判丰有俊对两湖（东湖、西湖）进行又一次改造，筑堤护岸，堤上植柳，号“万柳堤”。《江西通志》载：“一时画舫兰桡，珠帘翠幕，几与西湖争胜。”

南宋孝宗隆兴二年（1164），宋孝宗将洪州帅府改为隆兴府。据文献记载，孝宗在南昌做过藩王，南昌曾经是

南昌老城区

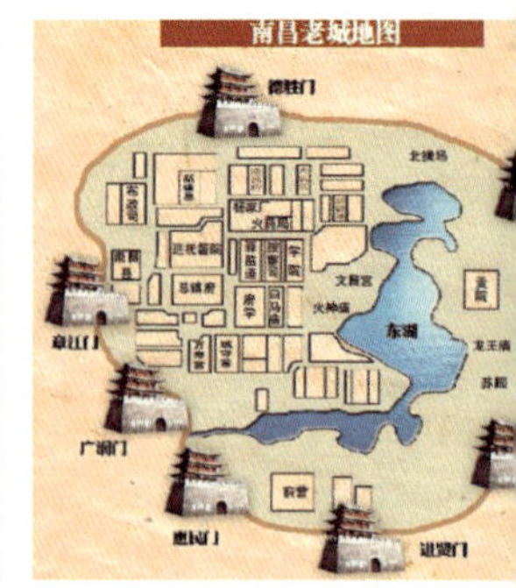

古城区域图

他的封地，故以自己的年号给南昌命名。后又因避隆佑太后名讳，改为龙兴府。隆兴或者龙兴，这一名称，在南宋和元代，共使用了近两百年，只是没有像豫章、洪都、南昌那样有名气。

元代的南昌城因循宋城，基本上没有多大变化。

北宋改“道”为“路”，沿用唐时名称，南昌仍称洪州府，下辖南昌、新建、奉新、靖安、丰城、高安、武宁、分宁（今修水）八县，自此南昌、新建分治。南宋承制北宋，只是将洪州府改为龙兴府。元代将府改为路，南昌为龙兴路，隶属江西行省，下辖南昌、新建、进贤、奉新、靖安、高安六县。江西行省，管辖着江西、福建、广东大部分地区，治所在南昌，南昌由此成为元代军事重镇。两宋的路、府、县，元代的省、路、县三级行政机构都设在南昌，南昌是江西政治、经济、军事、文化的中心。

逐渐衰落的旧南昌

明朝洪武年间，朱元璋将元代的龙兴路改名为南昌府。

朱元璋登基做皇帝后，对南昌府的建设极为重视，命自己的侄儿、大都督朱文正修建南昌城。鉴于鄱阳湖决战之前，陈友谅凭借江水压城，舰船可以泊近城墙，差点攻破南昌城的教训，朱元璋要求朱文正在修城时，将西城墙后撤。洪武元年（1368）朱文正按照朱元璋的要求，将西城墙内缩，后退三十余步，并重新修筑城墙；废去井步、仓步、观步、宫步、洪乔五座城门，保留七座城门。七座城门分别是：南为进贤门（宋抚州门），西南为惠民门（宋寺步门），西为广润门（宋柴步门），西北为章江门（汉昌门），东南为顺化门（宋琉璃门），东为永和门（宋坛头门），北为德胜门（宋广恩门），并在每个城门上建有城楼。修整后的城墙，长二千七十余丈，高二丈九尺，厚二丈一尺。城区面积缩小到北宋洪州城的五分之三，十一平方公里左

新修的广润门

右；并在城墙四周开挖了宽十一丈，深一丈五尺，长达三千余丈的壕沟。

明万历十五年（1587），知州范涞征调南昌、新建的农民对两湖（西湖和东湖）进行了一次清淤，并将废置的水关桥闸重新修砌，开挖九条水沟，以便湖水和地面积水排泄通畅。九条水沟即九津：广润门东边的五行津，东南的五事津，惠民门下的八政津，进贤门西边的五纪津，顺化门北边的归极津，永和路北边的三德津，德胜门下的稽疑津，章江门北边的庶征津，南面的五福津。让九津的水都流入城壕。并在东湖水域狭窄处，修建广济桥（今状元桥），将东湖分隔成南北两湖，广济桥以南的湖仍称东湖，而桥北的湖则称北湖。这就是我们后来称为的“三湖九津”工程。

“三湖九津”工程成功地解

砖雕：惠民门

汉砖铭文：君宜官用

汉砖铭文：永元五年作吉

决了市区的内涝，使市民免除了水患，一直为后世称颂。明万历三十四年（1606），知府卢廷选再一次对三湖进行了改造，用砖石修砌湖岸，并沿湖开辟道路，环湖广植垂柳。经过明朝两次对三湖的改造，三湖面貌焕然一新，成为南昌重要的风景区，吸引着外地游客观光旅游。这里也是南昌市民纳凉休闲的好去处。

明代城墙，用石灰、糯米饭黏合大石块和特制城砖砌成，异常坚固，历经560年，岿然不动。只是在康熙六十一年（1722），广润门因火灾，部分修整过一次，直到1928年拆除。六百多年来，南昌城也一直保持着明代的城市格局。

城墙拆除时，南昌的蔡敬襄先生（1877—1952），收集从城墙上拆下来的有铭文的墙砖共63种，其中两汉16种、三国2种、两晋16种、南北朝1种、隋代1种、唐代3种、南唐2种、两宋5种、元代2种、明代10种、清代5种。他将这些铭文砖拓片，收入他撰写的《南昌城砖图志》书中。如上图左所示“君宜官用”铭文砖，据蔡敬襄先生研究，认为是西汉灌婴筑城时期的砖；右图是“永元五年作吉”，是东汉汉和皇帝的年号，即公元 93 年。这些铭文砖也可佐证灌婴筑的城就在南昌老城区内。南昌城墙拆除后，修建了永叔路、船山路、榕门路、阳明路、八一大道等多条道路，这些道路后来成为老城区的主要街道。

明代改江西行省为江西承宣布政使司，治所在南昌。南昌府下辖南昌、新建、进贤、丰城、奉新、靖安、武宁七县。从明代开始新建县衙迁至南昌，两县衙同城，一直延续到民国时期。

清循明制基本上没有改变。

辛亥革命推翻了帝制，建立了民国，不久军阀割据，战争连年不断。面对如此局势，国共两党联合起来，共同北伐。北伐刚刚取得了一点点胜利，1927 年，蒋介石、汪

灵应桥

中正桥

精卫相继叛变革命，大肆屠杀共产党人。面对国民党的暴行，共产党决定在南昌举行武装起义，向国民党打响了中国革命的第一枪，从此南昌又多了一个名称——“英雄城”。在国民党统治的几十年里，除了1934年在城区与牛行之间，搭建了一座摇摇晃晃的木板桥——中正桥（八一大桥前身）；1935年，在北湖上建了一座石拱桥——灵应桥，将北湖分割成南湖和北湖，南昌城基本没有什么变化，只是在风雨飘摇中，一天天地衰落。1939年日本侵略军占领南昌，对城区北部狂轰滥炸，下沙窝一带顷刻间变为焦土，滕王阁也被夷为平地，侵略者还烧毁了大量民房，南昌城遭受了空前的破坏。

民国初年，南昌属豫章道，辖21县。民国十五年（1926），改豫章道为南昌市，辖五区（一区辖好几个县）。1930年南昌县府迁至谢埠，1939年新建县府迁至松湖。后因战乱，辖区多有变动。抗战时，省会也一度从南昌迁至泰和。

二、交通便利的战略重地

水陆交通便利

江西自古有“粤户闽庭，吴头楚尾”之称，南临广东，北接鄂皖，东连浙闽，西邻湖南。南昌位于江西省的中北部，就处在这几个省的中心位置上。地处大江南北和长江上、下游的交叉点上，处于赣江、抚河下游，濒临鄱阳湖。如此地理位置，使南昌自古以来便成为水陆交通的枢纽。秦为征百越，开辟了一条从京师直达岭南的驿道。西汉时期，又将这条驿道向南延伸，过大庾岭进入广东，贯通中国南北。后来，这条驿道逐渐成为全国南北运输的大通道，被称为“京广古道”。

秦汉时期，江西还有一条东西走向的大道，古称赣闽大道。这条大道经信州（上饶），过温州，南下达福州。两条大道交会于南昌。

东汉时期，随着造船业的发展，江南地区基本上形成了以南昌为中心、以水运为主的水陆交通网。这个水陆交通网由五条线路组成：一是豫章郡至南海郡（广东），先走水路，溯赣江而上至赣县，再走陆路，过大庾岭，南下广东；二是豫章郡至闽中郡（福建），先从水路下鄱阳湖，过信江，经陆路过仙霞岭，再走水路，东下瓯江，再走陆路至温州，再南下闽江至福州；三是豫章郡至长沙国（湖南），走陆路经新淦、宜春、萍乡至湖南；四是豫章郡至会稽郡（浙江），先从水路下鄱阳湖，过信江，再走陆路经玉山至浙江；五是豫章郡至九江郡（安徽），走水路从赣江顺流而下，由长江到安庆，再走陆路至庐州（合肥）。

自隋、唐开始，随着京杭大运河的开凿通航，江西又形成了新的水陆交通网，主要有两条线路：

一是京广大道，它是贯通全国南北的交通大动脉，又分为新、老两条线路。老线路自长安，经汉水，过长江，由鄱阳湖至南昌，溯赣江到赣县，转陆路经大庾岭，过梅关去广东。新线路沿运河南下，经长江、赣江，过梅关去广东。隋、唐、宋、元、明、清时期，新线路是沟通南北的主要通道。清代闭关锁国，广州成为唯一的进出口港，这条线路异常繁忙。1840年鸦片战争以后，清政府被迫开放口岸，解除海禁。上海新辟为通商口岸，联江（长江）通海，东南一带海运日昌，上海的货物吞吐量很快超过了广州，赣江—大庾岭—梅关通道逐渐转衰。

二是赣浙大道，它是全国东西交通的大动脉。南昌由此号称八省（浙、闽、两广、湘、蜀、云、贵）通衢。这条赣浙大道是将东汉豫章郡开辟的前四条大道互相打通，并向西南延伸至四川、贵州、云南。北宋建立后，京城移至开封，东南各省多走这条路上京，先到达南昌，再沿赣江、长江、运河到达开封。宋代的南昌已是舟车络绎、路通四方的交通中心。

除此之外，还有三条省际通道：一是从南昌经丰城、新余、宜春、萍乡过插岭关到湖南；二是从南昌经余干、乐平、浮梁至安徽；三是循盱江，经广昌、石城、宁化进福建。

自隋唐以来，江西的粮食、茶叶、瓷器、纸品、药材、竹木、矿产品都聚集到南昌，由这些通道运出，短缺的物资也从外地由这些通道先运送到南昌，再分散给全省各地。南昌不仅是江西的货物聚散地，也是江西的交通中心，还是古代江南的重要交通枢纽。

南昌能成为古代水陆交通的枢纽，除了其地理位置得天独厚，与它的地形地貌也是分不开的。南昌号称“水上之城”，赣江、抚河绕城而过，城内外河道港汊纵横交错，湖泊众多，水网密布，素有“两江八湖”之称。两江即章江（赣江）、盱江（抚河）；八湖又分内四湖和外四湖。内四湖是城区内的东湖、西湖、南湖、北湖，外四湖指城区周围的象湖、青山湖、艾溪湖、黄家湖（含礼步湖、碟子湖）。两江八湖相互连接，形成了南昌的水网系统。赣江可以直下长江，盱江又与鄱阳湖相连，这样南昌水系又和长江水系连在一起。尤其是大运河开凿通航后，南昌水系又与全国水系联通，因此，水上交通极为便利。

南浦码头

从南昌出发，乘一叶轻舟，可以直达长江、运河沿岸城市，以及有水系相通的任何一个地方。古代以水运为主，赣江便是水上航运的黄金水道。站在滕王阁放眼赣江，百舸争流，南来北往，异常繁忙。江上行船，如遇顺风顺水，如梭似箭，十分迅疾。位于惠民门和广润门之间的南浦，是古代建在盱江之上的南昌码头。凡南来北往的商贾游客，都在此上岸，进出南昌的货物也在这里吞吐。南昌西城墙下的盱江，水深河宽，大型帆船可以自由进出。繁忙时期，城西十多里长的盱江段，泊不下要停靠的船只，晚来的船儿只能驶进象湖停泊。据史料记载，1363 年陈友谅攻打南

宽阔的赣江

昌城，正值丰水季节，上下三层、可载五千多兵士的舰船直逼城墙。

交通的便利，加快了手工业、造船业的发展，也促进了商业的繁荣。唐、宋时期南昌商贾如云，洪州城已成为江南的商业都会。南昌出现了庞大的商人团体，江右商帮一时名震全国，活动范围遍及全国大多数地方。明、清时南昌是全国的四大米市之一、三大茶市之一。

兵家争夺的战略要地

作为江南腹地的南昌，北枕长江，南连五岭，东接吴会，西邻荆湘，地处赣江、抚河下游，濒临鄱阳湖，负江依湖，平原开阔，具有如此优越的地理位置，加上水陆交通便利，是历来兵家争夺的战略要地。

早在春秋时期，南昌就是吴楚争夺的焦点。《史记·伍子胥列传》记载：“楚昭王使公子囊瓦将兵伐吴。吴使伍员迎击，大破楚军于豫章。”

西汉初，汉高祖设立豫章郡，南昌开始成为江南重要的军事据点，为西汉征服南越、完成统一大业起到了十分重要的作用。此后朝廷加大了对南昌的开发和建设。《史记·货殖列传》关于豫章郡的描述是“江南卑湿，丈夫早夭”“火耕而水耨，果隋蠃蛤”，俗称荒蛮之地。但南昌在豫章郡中应属开发最早的地区，据应劭《汉官仪》载:“《前书·百官表》云：万户以上为令，万户以下为长。三边始孝武皇帝所开，县户数百而或为令。荆、扬江南七郡，惟有临湘、南昌、吴三令尔。”又《汉书·地理志》载：西汉平帝元始二年（2）“豫章郡，户六万七千四百六十二，口三十五万一千九百六十五”。若南昌三万户，其余十七县才与其相当，可见南昌开发和建设的力度之大。

三国时期，豫章郡成为荆州的刘表、淮南的袁术、东吴的孙坚争夺的目标。建安四年（199），孙策占据豫章郡，南昌成为孙吴的粮饷、兵员来源地。

东晋、南北朝时期，南昌战略地位凸显，正如王勃在《滕王阁序》中所描绘的“襟三江而带五湖，控蛮荆而引瓯越”，南昌成为各个朝代宗王、士族间政治斗争的必争之地。东晋成帝咸和二年（327），苏峻叛乱，焚毁宫室。叛乱平定后，建康残破荒凉，粮食短缺。江州刺史温峤建议迁都南昌，后因王导等大臣的反对而迁都失败。迁都之议虽未实行，但南昌被提名，说明其战略地位十分重要。

五代十国时期，南唐一度迁都南昌。南昌成为南唐的政治、军事中心。

南宋定都临安（今杭州），临安与南昌唇齿相依，南昌的战略地位凸显起来。南宋王朝升南昌为帅府，并派抗金名将李纲驻守，把南昌作为拱卫京城和后勤补给的军事重镇。绍兴年间，洪州知州张澄在东湖操练水军，还在百花洲筑讲武亭。

元代立国之初，南昌作为江南军事重镇，管辖着福建、广东等广大地区。

1362年，朱元璋初定南昌，得意地说："南昌重镇，西南之藩屏，吾得南昌，去陈氏一臂矣，非骨肉重臣不可守。"后派其侄儿朱文正守卫南昌，可见南昌在其心里的重要性。

太平军定都天京（今南京）后，1852年，东王杨秀清派赖汉英西征，希望夺取南昌，拱卫天京。江西巡抚张芾向湖北总督请求增援，湖北按察使江中源奉命驰援。双方鏖战90多天，太平军两次轰塌南昌城墙，终未能拿下南昌城。由此可见南昌对太平军来说是多么重要。

民国时期，北伐军攻克南昌，并把南昌作为军用物资中转站。1928年，蒋介石坐镇南昌，指挥"剿匪"，设立海陆空军总司令南昌行营。1928年至1939年，南昌一度成为国民政府军政权力中心。

综观南昌的军事斗争史，我们可以看出以下特点：国家统一，政局稳定，南昌的战略地位相对下降，

百花洲

皇上分封皇子皇孙出镇南昌（诸多藩王中，司马炽、赵昚后来分别做了西晋、南宋的皇帝）；政局不稳，皇上则派亲信名将驻守南昌。动乱时期，南昌首当其冲，战略地位猛然飙升。凡偏安江南的王朝都非常重视南昌。

三、百业兴旺的鱼米之乡

家给人足的鱼米之乡

南昌地处鄱阳湖平原，地势低平开阔，土层深厚，土壤疏松，土质肥沃；有众多的江河湖泊，灌溉便利；南昌属亚热带季风气候，雨热同季，无霜期长；很适合种植水稻，素有“江南粮仓、鱼米之乡”之称。考古发现，距今1万多年前，南昌的先民就知道利用自然资源，采集野生稻，并逐步培育成人工栽培稻，赣鄱地区是世界稻作农业一个重要的发祥地。西汉时期推行“重农抑商”的国策，有力地促进了农业的发展。铁制农具的使用，牛耕技术的推广，使南昌地区摆脱了火耕水耨的落后状态，加速了农业生产的发展。东汉时期鄱阳湖平原大量种植水稻，逐渐成为江南主要的产粮地区。粮食丰足，百姓无饥饿之忧，对稳定社会、安定民心发挥了重要作用，同时也促进了百业兴旺和人口的增长。

南昌是古今著名的稻米生产基地。西晋末年，北方五胡乱华，中原流民大量南迁。他们和当地人一起开垦荒地，围湖造田，使江南的稻作农业迅速发展。鄱阳湖区域成了南朝著名的稻米产区。《隋书·食货》载："豫章仓、钓矶仓、钱塘仓，并是大贮备之处。"豫章仓在今南昌市，可见当时的南昌盛产稻米，是名副其实的天下粮仓。至今，南昌仍然是全国重要的稻米供应基地。

粮食的丰足也催生了各业的发展，酿酒业就是其中之一。据史料记载，六朝时南昌人就已掌握了酿酒技术。他们将煮熟的糯米饭，凉至微热，与适量的酒曲拌匀，存放在缸中盖严，掌握适当的温度，让其自然发酵。待其完全

赣江边上的滕王阁

发酵，兑上一定比例的井水，再发酵几天，然后滤去酒糟，便可饮用。这种土法酿酒，一直延用到今天。

自古以来，南昌渔业发达。南昌地区江河纵横，湖泊众多。这些江湖和港汊连成一片，使南昌成为著名的水乡。南昌除了有内四湖、外四湖外，还有水域面积广大的瑶湖、青岚湖、军山湖、鄱阳湖。这些江河湖泊本来就是天然的渔场，鱼多，鱼肥，淡水鱼的品种齐全。鄱阳湖银鱼，全身无鳞，晶莹剔透如玉，肉质细嫩鲜美，富含高蛋白，是鱼中珍品。每年春夏之交，江湖水涨，鱼群随水而至，沟、渠、农田随处可见。滨湖地区的居民，戏称港汊为第二菜园。古代南昌渔民大多临水而居，以船为家，早上划着小船去捕鱼，傍晚载着满舱的鱼儿，唱着渔歌回家。王勃的《滕王阁序》中“渔舟唱晚，响穷彭蠡之滨”描绘了这一景象。

南昌的养鱼业也很发达。南昌先民很早就懂得捕养互补的道理，培养出草鱼、青鱼、鲢鱼、鳙鱼（俗称四大家鱼）等鱼种，将这些培育的鱼苗养殖在池塘中。

百业兴旺的洪州

【洪州青瓷】

1974 年，洪州窑遗址公之于世。据江西省的考古资料显示，洪州窑遗址共有 30 多处，皆分布在丰城市的赣江河畔，或与赣江相通的清丰河、药湖畔的丘陵地带，绵延 20 多公里，面积达 40 多万平方米。这些窑址以曲江罗湖村的规模最大，出土的陶瓷文物也最多。

洪州窑始于东汉晚期，鼎盛在隋唐时期，终于五代，约有800年的历史。

洪州窑鸡头盘口壶

洪州窑是唐代六大名窑之一。洪州窑是全国最早采用火照技术测试窑温的窑场之一。洪州窑首创匣钵装烧技术，给烧瓷工艺带来了一次技术上的大飞跃。匣钵装烧是将坯件置于匣钵内，让坯件在窑中能均匀受热。同时还可避免烟尘在烧制过程中污染釉色。匣钵烧制保证了青瓷的质量，使成品率大幅度提高，大大降低了成本。洪州窑生产的玲珑瓷是中国制瓷业的一次重大突破。玲珑瓷是指瓷胎两面洞透，由釉糊盖的薄瓷。这种瓷在明隆万年间非常流行，般认为是景德镇在明永乐年间烧制的。考古工作者在罗湖村象山窑发掘出土的青釉玲珑钵，口沿下至腹上端镂刻有一排小圆孔，剔透见光，玻璃质感很强。造型为敞口、弧腹、小平底，与隋代的钵碗完全相同。李子岗窑和象山窑出土的这三件文物，证实了洪州窑在南朝和隋代已成功地烧制出玲珑瓷。匣钵烧制技术的运用，玲珑瓷的烧制成功，填补了我国制瓷业的空白。

洪州窑的青瓷釉色多为褐色，以胎质细腻、釉面光润、造型雅致、质地坚硬见称，深受时人喜爱，远销国内外各地。据《唐书》记载，玄宗天宝二年（743），水陆转运使韦坚，率漕船三百艘，尽收江南特产，独举洪州青瓷。他带去洪州名瓷（酒器、茶碗等），深得唐玄宗喜欢。

【造船业】

南昌、九江一带，素有“泽国”之称，水面辽阔，江湖互通。自古以来，水上交通极为便利，又有丰富的木材，因此造船业发展既早又快。江南以舟师作战为主，早在三国时期，吴主孙权就命吕蒙在豫章的蓼洲（今南昌市内蓼洲街一带）兴建造船场，造舰船，训练水军。史料记载东吴最大的舰船可载 3000 多士兵。东吴被晋俘获的官船就有 5000 多艘，这些船多为洪州造。六朝时南昌的造船业发展很快，可造载重 1000 吨的大船。

唐代洪州造船业领先全国。据《新唐书·阎立德传》载：洪州造船场能造浮海大船，还可以造以木轮代桨的车船。车船的出现为以后发展动力船提供了重要的思路。《新唐书》载：阎立德在洪州造浮海大船 500 艘，航行于东海、南海一带，并到达高丽。唐贞观十八年（644），唐太宗首次东征高丽，命将作大监阎立德诣洪、饶、江三州造大船 400 艘运送军粮。贞观二十二年（648），唐太宗第三次东征高丽，又命洪州等 12 州各造大船及艓舰 350 艘。由此可见，洪州为唐代最重要的造船基地。

宋代造船业突飞猛进，造船厂遍及全国各地。据宋天禧五年（1021）统计，全国各地共有船 2916 艘，其中江西的洪州、吉州、江州、虔州（今赣州）就造了 1130 艘。

元朝，南昌设有造船提司，为全国三大造船基地之一。

明清时期，南昌仍然是全国重要的造船基地。明永乐三年（1405）至宣德八年（1433）郑和曾五次来南昌、九江等地订制商船。

【纺织业】

豫章先民十分重视桑、棉、麻的种植。他们在房前屋后植桑养蚕，在地势高且不易灌溉的地方种植棉麻。古代豫章盛产棉麻，为纺织业提供了大量的原料。古代社会经济的特点是男耕女织，自给自足。大多数家庭都有纺纱机、织布机，妇女们几乎都会纺纱织布。这样就大大促进了纺织业的发展。

豫章郡的纺织业一向领先于全国。2007 年，在靖安县李洲坳的东周古墓中出土了大量的纺织品。据考古专家介绍，这是目前发现的最早的丝织品。这些丝织品无论是缫丝、织造，还是印染工艺都达到了相当高的水平，尤其令专家吃惊的是从 6 号棺木清理出的朱纹红黑双色织锦，不仅采用朱砂染色，而且经线密度高达每平方厘米 240 根以上。西汉海昏侯墓也出土了大量的珍贵纺织品。

据说，南昌盛产鸡鸣布。这种布是一匹长，是一个妇女一个晚上织成的，天亮后拿到早市上去销售。这足以说明南昌妇女的勤劳和纺织技术的娴熟。

明清时，江西是全国的以布业为主的纺织中心。棉麻纺织成为农户主要的家庭副业，遍布每个家庭，生产的布匹日以万计。大量的棉布、夏布经销全国各地，甚至远销国外市场。据明史记载，朝廷以布代税，每年向江西征收布 10 万匹。

【造纸业】

2007 年，考古工作人员在距离南昌市 60 多公里的高安市华林风景区的周岭村发现一处造纸遗址。经过近 2 年的发掘，清理出 16 处水碓，20 多处沤竹、麻的坑，10 多处槽房。在 650 平方米的福纸庙遗址发现造纸及相关的遗址共 28 个，包括水碓、沤坑、蒸煮桶、烧灰坑、拌灰台和晒料台等。考古工作者通过对遗址残留物和泥浆的检测，发现造纸所用原料为毛竹，并掺有一定比例的麦秆。弄清了宋元明三代造纸的工艺流程，七道重要工序分别是：沤料、洗料、烧灰、拌灰、蒸煮、漂洗、暴晒等，印证了宋应星在《天工开物》记载的造纸流程。专家认为高安华林造纸遗址始建于南宋，历经宋、元、明三代。华林造纸遗址是目前我国发现最早的一处造竹纸的遗址。

高安华林造纸作坊——水碓

明清时江西一跃成为全国造纸生产重地，不仅作坊分布广（清代造纸业遍布 53 个县）、年产量大、品种多（明代王宗沐《江西大志》中列举了 28 个品种），且质地优良。所产纸张除了供朝廷御用和省内办公用，全国其他地方都可见到，甚至远销到日本和南洋。

据史料记载，明永乐年间，朝廷在南昌设立西山官局，即御纸厂，专门生产供朝廷专用的纸。考古专家在西山铜源峡，发现近 300 座水碓作坊及其遗址，认为这里就是当年西山官局造纸原料生产基地，造纸作坊在翠岩寺一带。据文献记载，西山官局生产楮皮纸。楮皮坚韧，不易捣烂，造纸工人利用峡谷溪流落差产生的冲击力带动水车，再由水车推动水碓，来粉碎楮皮。明代中晚期，西山官局改迁信州。

此外，南昌的漆器生产、茶叶加工、印刷业等，在古代也都享有盛誉。

四、由生命禁区到宜居之域

两汉之时的生命禁区

司马迁在《史记·食货志》中说江南是丈夫早夭之地。“丈夫”是指成年男子，在西汉北方男子来到江南后，都会在江南早死。我们知道汉文帝时期的贾谊，被贬江南，任长沙王太傅。他“闻长沙卑湿，自以寿不得长”，以为会死在长沙，所以心情抑郁。汉代人认为，地卑湿就会滋生瘴气，瘴气会使人患瘴疠病。瘴疠病的主要表现是上吐下泻，最后导致人脱水而亡。据《后汉书》卷一四《宗室四王三侯列传·城阳恭王祉》记载，汉元帝时人刘仁，封在江南舂陵乡为舂陵侯。他认为：“舂陵地势下湿，山林毒气，上书求减邑内徙。”后徙封南阳之白水乡，才得以安心。

刘贺从山东昌邑来豫章任海昏侯，不是提升，而是遭贬抑。他没有抗争余地，只能接受。在当时条件下，江南

海昏侯墓出土的餐具

是生命禁区，朝廷把刘贺弄到海昏县来做侯王，就是不想让他活着回山东。果真不出预料，33 岁的刘贺死在海昏；而且他的一个儿子比他还更短寿，只有 17 岁就死了。

汉代豫章有瘴气，可是，古今气候变化不大，为什么现代南昌不见瘴气呢？可见汉代北方人在南昌早夭，不是气候和山区环境问题，而是有其他原因。

首先，来到江南的北方汉人，没有按照南方土著人那样生活。北方汉人看不起江南少数民族，不愿意学习少数民族的生活习惯，坚持北方的饮食习惯，如爱住低矮密封的房子，爱吃凉拌菜，喜欢做一顿饭吃三餐。这些住宿、饮食习惯，在北方可以，但在南方则是大忌。因为江南在梅雨季节高温潮湿，低矮建筑房子内食品容易霉坏，早晨做好的食物，下午就馊坏了，长期食用霉坏食物，易患肠胃疾病；长期在低矮潮湿的屋子里生活，易患多种疾病，身体长期受到伤害就会造成早夭。

其次，长期使用不洁餐具饮食。从海昏侯墓出土的餐具来看，有相当一部分陶器、木器。这些都是会吸水的餐具，洗不干净，容易造成食物污染。长期使用这样的餐具，将使身体受到伤害。北方地区干燥，陶器、木器不容易发霉，相比于江南，食物污染程度要低，因此同样使用陶器、木器的北方汉人寿命长，江南汉人寿命短。长期在豫章生活的少数民族，他们有自己独特的饮食、住宿习惯，如用箬叶包裹稻米煮熟了吃，用手抓食物吃，做一顿吃一顿；所建房子比较高，南北通透，室内空气对流。这些是他们长期适应气候环境形成的习惯，是减少霉坏食物的有效办法，可惜来南方的北方人没有对此引起重视。

唐末五代的率先崛起

唐末五代开始，豫章在江南率先摆脱瘴气。唐初江南还是一个瘴疠之地，是朝廷流放官员的地方。白居易曾贬谪到江南来任江州（今江西九江市）司马。他在《琵琶行》中有这么两句："岂无山歌与村笛，呕哑嘲哳难为听。"每天听到竹笛之声，从遥远的村庄、田野断续飘来，惹得他患起了思乡之病。可见白居易对潮湿而瘴气弥漫的江州不适应，又回不去，从而烦恼惆怅。宋之问因宫廷政变受牵连而获罪，被贬钦州（今广西钦州市），途经江西大庾岭时，他写了一首《题大庾岭北驿》，表达了不能返回北方家乡的忧伤：

阳月南飞雁，传闻至此回。
我行殊未已，何日复归来。
江静潮初落，林昏瘴不开。
明朝望乡处，应见陇头梅。

宋之问在诗中表达了尽管知道贬谪江南就回不去了，但还是盼望奇迹出现。据文献记载，唐朝有 200 多位官员被贬江南，其中宰相有 49 人次。

自唐末五代开始，豫章开始成为江南望郡，瘴气逐渐消失，瘴疠病患减少。南唐中主李璟曾一度把都城从金陵迁来南昌，称南昌为“南都”。有人说江西工农业发展了，所以人口增多了，其实这是因果关系颠倒了。应该说，首先是生存环境好了，人口才会增多，工农业才得以发展。洪州率先崛起的理由如下：

首先，基本达到饮食卫生标准的瓷器逐渐推广，解决了病从口入的危害。晚唐洪州窑已经开始生产轻薄白瓷。接着五代时期，江西的吉州窑、景德镇和七里镇窑都生产出了白瓷餐具。这些餐具都达到了饮食卫生标准，并且逐渐在民间普及，使洪州人民减少了病从口入的问题，也就解决了瘴疠病患的主要来源，从而身体素质提高，寿命延长，然后带动了方方面面的手工业和农业的发展，吸引着外省人投奔洪州、吉州和饶州等州。据现代学者研究认为，唐代元和年间（806—820），江西户籍数 29 万，至北宋

五代时期景德镇生产的达到卫生标准不开片的白瓷碗

西晋青釉堆塑罐，反映人居楼上，牲畜养在底层的特色民居

初年（960）为 65 万，也就是说晚唐到五代期间，江西人口增加了两倍多。

其次，适应洪州气候环境的生活方式开始形成，有利于身体健康。唐代洪州开始兴起建筑风水说，即赣派建筑风格的民居开始形成。在楼阁民居中生活，冬暖夏凉，南北通透，空气清新，食物不易霉坏。洪州人民的生活习惯已经形成，如做一顿吃一顿，减少食物馊坏的可能性；常用一次性的箬叶、荷叶等包裹食物蒸煮，不重复使用，减少污染食物的可能；还有睡床不睡炕、坐凳不坐席等好习惯，都在逐渐形成。

唐末五代，中国地广人稀，哪个地方人口多，说明哪个地方生产发达。洪州相对于江南其他州郡来说，显然是率先崛起了。

北宋开始的宜居之域

北宋开始，豫章不再是贬谪官员的流放地了。据文献统计，宋代则有400多人次，流放到大庾岭以南以西地区去，其中包括寇准、苏东坡、蔡确、黄庭坚等历史名人。豫章则成为提拔官员任职的好地方。苏东坡从贬谪地儋州回来，由南向北翻过大庾岭，他曾激动地吟着："问翁大庾岭头住，曾见南迁几个回？"可见他从内心里认为，回到了江西，就是离开了瘴气之地，避开了瘴疠缠身，回到了安全地域。豫章是江西首府，是朝廷官员理想的任职之地，已成为很多退休官员的安居之所。真德秀是福建人，在朝廷为官，遭到保守势力攻击。朝廷为了照顾他，安排他来南昌西山万寿宫任提举，而不是按照惯例，让他返回原籍，不久又让他返京复职。

豫章乃至江西之所以能够率先成为天下宜居之域，主要有如下两人原因：

首先，优质瓷器大量生产，瓷器在民间普及。两宋时期江西瓷器质优量大，是当时最好的工业商品，不仅供应江西本地，还可以销售到外地，甚至大量出口海外，成为当时最畅销的工业产品。瓷器外销依靠帆船水运，速度慢，运输量有限，因此，在江西家家户户都使用瓷质器皿。远离江西的地方，只有城市富裕阶层使用，而广大民众，特别是农村农民则仍然在使用陶器和木器。

使用瓷质餐具饮食，与使用陶质、木质和竹质等餐具饮食，饮食卫生程度是不相同的，对人体所产生的影响差别极大。瓷质器皿不吸水，所以表面脏污可以洗干净，使用盛装的饭菜不易馊坏，对人体不产生危害。陶质、木质、竹质等餐具吸水，中午吃的汤汁有一部分被胎体吸进去了；下午使用时，这些馊坏了汤汁从胎体中渗出一部分，溶于饭菜之中。人吃了这样被污染了的饭菜，肯定会闹肚子。长期食用这样的饭菜，对肠胃危害很大，出现上吐下拉现象，这在当时被看作患了瘴疠病。从文献记载来看，宋代江西，特别是豫章地区，瘴疠病几乎绝迹，而同纬度的其他地方则瘴疠病患严重。这与是否普及瓷质餐具有很大关系。正因为豫章率先普及瓷质餐具，所以被视为宜居之域。

使用瓷质坛罐腌制、储藏食品，在豫章民间已普及。瓷质坛罐不渗水，只要把口部密封后，就可以长期腌制、储藏食物。腌制保存食物的方法，在豫章民间有很多种，这些方法主要遵循三个原则：脱水原则，即把食物中的水分减少；隔氧原则，即把腌制的食品与空气隔开；调味原则，即在食品中加入调味品。其中最主要的原则就是隔氧，如果氧气不能隔开，腐烂霉菌就会滋生，食物就会腐烂。没有瓷质坛罐，就不能腌制和储藏食物。世界上最早的春秋时期的陶质盘口罐在豫章的修水被发现，东汉瓷质盘口瓷罐已经诞生，只要盖上盖，在盘口沿灌水，就能够将罐内与罐外隔开。在密闭缺氧的环境下，罐内食物就能长期保存。盘口罐是在没有冰箱、真空包装时代最方便的腌制、储藏容器。豫章民间使用瓷质坛罐腌制水分很多的蔬菜、水果，并且可以长期保存，这样就扩大了储藏食物范围。豫章一年四季有腌制蔬菜和水果，保证了人的正常生存和发展，当然就更适宜居住了。

春秋战国盘口酸菜罐

宋代储酒瓶

使用瓷质容器酿造、储藏食物，在豫章已普及。经过一定的方法，将粮食酿造成酒，将豆类酿造成酱类，然后通过密闭，在缺氧的环境下，就可以将酒类、酱类长期保存。当时如果没有瓷质坛罐就不可能将烧酒长期保存，也不可能将豆豉、豆瓣酱等酿造成功。瓷质容器在宋代质量更好，种类更多。由于豫章一年四季有丰富的酒类和酱类食物，所以更适宜人类居住。

其次，两宋时期，豫章已经形成了适应气候环境的良好传统文化。

两宋时期，豫章建筑文化已经形成，民居更适宜居住，有效地抵御了气候环境对人体的侵害，人们在豫章居住更舒适、更长寿。豫章建筑物普遍比较高大，有的甚至是两层。一般建筑物北面地势高，南面地势低，南北通透，可以避免屋内地面积水，阳光可以更好地照射进屋。这样的建筑可以减少屋内潮湿发霉，减少湿气对人体的伤害，使人生活得更健康。由此可见，豫章在两宋时期，已经形成了宜居的建筑风格。

两宋时期，豫章生活习俗已经形成，如，做饭是现做现吃，即做一次，吃一顿；只吃熟菜，不吃凉拌菜；只过清明节，不过寒食节；只用瓷质餐具，不用其他材质餐具。以上这些生活习俗都能有效减少发霉、馊坏、污染食物对人肠胃的侵害。所以，豫章良好生活习俗是为适应本地气候环境而形成的，是宜居的习俗。

至于元明清时期，豫章与其他州郡比较，优势不明显，不是豫章落后了，而是瓷质器皿在其他州郡也普及了。进入近代后，一些沿海城市和铁路、公路枢纽城市发展迅速，南昌既没有瓷器优势，又失去了地利优势，经济社会发展便滞后了。

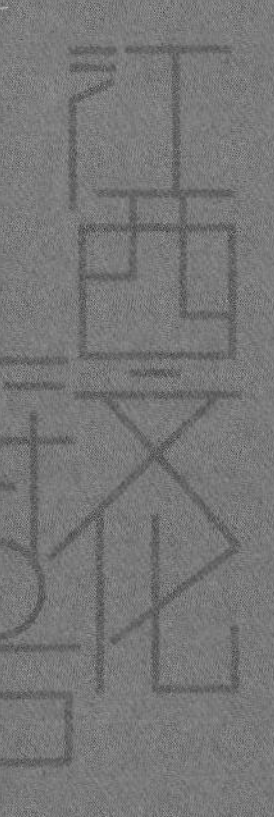

第二章 名胜古迹

MINGSHENG GUJI

南昌至今仍保留了许多名胜古迹，它们既是古代物质文明的见证，也是传统文化的缩影。下面分别介绍洪崖丹井、孺子亭、海昏侯国遗址公园、万寿宫、滕王阁、绳金塔、佑民寺、南极长生宫、杏花楼、状元桥 10 处名胜古迹，依次介绍它们所处的地理位置、形成的过程、主要特征，以及历史上在这里发生过的重大事件或者名人故事。

一、洪崖丹井

洪崖丹井位于南昌市湾里北面的乌晶源溪涧之上，崖壁峭绝，飞瀑北来，其下井洞深不可测。洪崖丹井是南昌最古老的名胜古迹，是明清“豫章十景”之一，文人骚客来南昌必游之地。洪崖摩崖石刻有多处，依稀可见的有宋代石刻：“海陵周次张、龚甦中、�липв枚惟，以淳熙乙巳（1185）冬，携樽访药臼，徘徊不觉暮矣。曝西日，掬清泉，相与乐而忘归。”清晰可辨的有清朝康熙丙辰年笑堂白书刻的“洪崖”两个大字、游起南题刻的“两峡悬流联瀑布；一泓活水喷洪崖”对联。还有乐神宫、仙乐溪、踏音溪、百乐溪、玉笛湖、玉琴湖等人文自然景观。

洪崖丹井得名于洪崖先生采竹制笛子的故事。据《吕氏春秋·古乐篇》记载：“昔黄帝令伶伦作为律。伶伦自大夏之西，乃之阮隃之阴，取竹于嶰溪之谷，以生空窍厚

洪崖先生塑像

均者，断两节间，其长三寸九分，而吹之，以为黄钟之宫，吹曰含少，次制十二筒，以之阮隃之下，听凤凰之鸣，以别十二律。”伶伦就是洪崖先生，洪崖采竹制笛的地方有两个，一个是河北易县的洪崖山，一个是江西南昌的洪崖丹井。易县寒冷不产竹子，南昌西山是竹子之乡，所以洪崖丹井是伶伦采竹制笛的地方。黄帝时期，在南昌西山的土著部落是三苗部落。他们世代在这里生活，发明了竹笛。在竹笛传播过程中，被音乐水平很高的华夏人伶伦发现。他向黄帝请示来到江南考察，进而加以利用改造，正式做成 12 种竹笛，用来调音定调。

伶伦在洪崖丹井采竹制笛，竹笛吹奏逐渐在社会上普及，至晋代桓伊的笛曲《三弄》成就巨大，对后世影响深远，直至唐宋《三弄》仍然是流行的主要笛曲。明清流行的琴曲《梅花三弄》，则是由朱权根据笛曲《三弄》改编而来。朱权编撰了一本古琴曲谱——《神奇秘谱》，其中有《梅花三弄》曲名。他在秘谱序言中说："桓伊出笛作《梅花三弄》之调，后人以琴为三弄焉。"朱权的《梅花三弄》，不仅在演奏形式上由竹笛改为古琴，还在内容上进行了改编，由表达怨愁离绪情感，转而表达梅花凌霜傲寒、高洁不屈的情操与气质。

洪崖丹井逐渐演变为道教名山。西汉刘向所著《列仙传》，是中国第一部系统叙述神仙的传记，关于洪崖它做了如下的记载："洪崖山者，山之阳有洪唐寺，山中有洪崖坛，每亢旱祷于此。"南北朝地理学家郦道元，曾游历南昌西山，他在《水经注》中记载南昌洪崖丹井："飞流悬注，其深无底，旧说洪崖先生之井也。"说明在南北朝时期洪崖丹井就已经是文人玩赏的景点了。

唐代高道胡慧超在洪崖丹井修道，名声在外，被皇帝邀请去皇宫论道。返回时，李隆基作《送胡真师还西山》诗送行，内容如下："仙客厌人间，孤云比性闲。话离情未已，烟水万重山。"诗写得清丽婉转，表达了依依不舍之情。

唐代另一位高道张氲，因仰慕洪崖先生，也在洪崖丹井修炼，自称洪崖子。相传张氲骑着唐玄宗所赐名"雪精"的白驴，每天早晨，自西山洪崖丹井骑驴坐船去南昌城卖药，给人治病，可是从不见他返回西山洪崖丹井，引起了渡船人的注意。据《西山志》卷一《洪崖井》记载："先生常乘驴

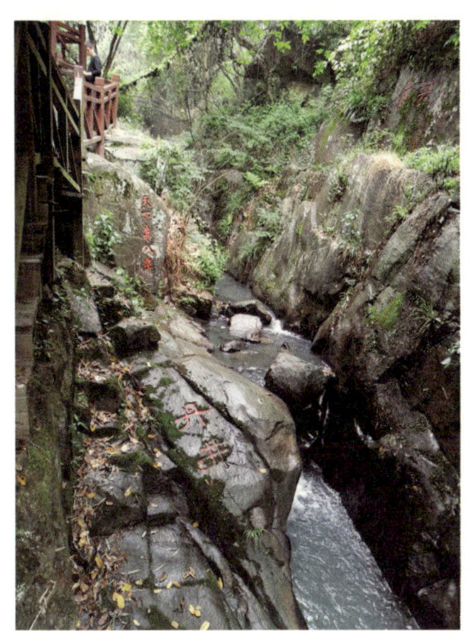

“天下第八泉”和“丹井”摩崖石刻

往洪州卖药。舟人曰：‘此先生登吾舟东渡，渡者十数次，并未见其西还，可怪可怪。’令其子观之，市罢随入彭真井，但见朱门素壁，一大宫殿，主者名东华先生，到即开门，握手而入。偶坐弈棋，谈道良久。席陈异味，酒终揖别，乘驴从水道而西。路经章江水底。忽闻咿咿呀呀，舟子曰：‘此吾舟之橹声也。’先生回顾，问曰：‘汝愿从吾游乎？’舟子不答而笑。先生言：‘汝可闭目而行？’果，即到家。其父问曰：‘汝从先生游已十日矣！何归之迟？’子备述其由。先生因人窥之不复过此。”没有想到这个神话故事，在今日变成现实，两条横穿赣江底部的隧道已经贯通，一条是地铁隧道，一条是汽车隧道，维持着两岸人们频繁来往。

洪崖丹井，1985 年列为江西省文物保护单位，目前是梅岭龙头景区，2016 年被认定为国家 4A 级旅游景区。

二、孺子亭

孺子亭，位于江西省南昌市西湖区，在西湖之中，为重檐六角攒尖式凉亭。

孺子亭因纪念高士徐孺子而建。徐稚（97—168），字孺子，东汉豫章郡人。据《世说新语》记载，徐孺子九岁时，在月色下玩耍，有人说："若令月中无物，当极明邪？"徐孺子答道："不然。譬如人眼中有瞳子，无此必不明。"由此可见，徐孺子自小聪慧，读思结合，远过他人。徐孺子一生淡泊名利、耕读不辍，被世人称为"南州高士"。

据《江城旧事》记载，东汉廉吏陈蕃，不与草菅人命的官僚为伍，遭受排挤，被迫来到"丈夫早夭"的豫章任太守。在豫章，陈蕃十分推崇在民间享有声望的徐孺子，在衙署内给他预备了专用椅子，他来了，就拿出来供他坐，走了就收起来，不给其他人坐。当年天降甘露，陈蕃舍不

徐孺子青铜塑像

孺子亭

得饮用，让人拿去给徐孺子享用，可见陈蕃十分尊重徐孺子。在徐孺子辅导下，经过两年治理，豫章变成天下模范郡。有人把陈蕃比喻为千里马，那么徐孺子就是识别、培育千里马的伯乐。

孺子亭最早在三国时期就已经兴建了，当时的名称在文献没有记载，因为建筑框架以木质材料为主，容易腐烂，几十年就需重修一次。在西晋、隋、唐都有重修的记录。自南唐开始，改名为高士台，以后又先后改名为聘君亭、思贤亭，最终以孺子亭命名至今。抗战时期，孺子亭遭日军毁坏，仅存基座。1983年10月，新亭落成，亭下湖水粼粼，亭旁假山叠石，虽不见明清“徐亭柳烟”景象，但精致与

南昌孺子路

坚固程度远超明清时的孺子亭。

徐孺子，既不是丰功伟绩的高官，也不是著述丰厚的学者，他只不过是豫章一名耕读布衣，那么他受到历代名人推崇的原因究竟是什么呢？

晋代的陶潜说，汉代有五处士，其中豫章徐孺子最为著名。所谓处士，是指德才兼备、隐居不为官之人。

初唐诗人王勃，在《滕王阁序》中提到“人杰地灵，徐孺下陈蕃之榻”，说徐孺子是豫章人杰地灵的典范，虽没有做官，却帮助陈蕃把豫章治理得很好。

北宋曾巩，在豫章任太守时，专门为徐孺子修建了“徐高士祠”，并撰写了《徐孺子祠堂记》，认为即便是一个布衣，只要他高风亮节，完成了自身职责，就值得建祠奉祀，永远纪念。

由此可见，人们缅怀、纪念徐孺子，是因他高风亮节的行为、德才兼备的能力、甘于平淡的心态。

三、海昏侯国遗址

海昏侯墓遗址，位于江西南昌新建区大塘坪乡观西村东南约1000米的墎墩山上，整个墓园占地面积约4万平方米，此处因发现海昏侯刘贺家族墓群而兴建。刘贺墓是迄今为止，我国发现的保存最好、结构最完整、功能布局最清晰、拥有最完备祭祀体系的西汉列侯墓。

2011年3月，盗墓者在墎墩山丘上挖了一个数米深的洞，其洛阳铲带出来的土皆是夯土，也就是人们常说的熟土。他们凭经验知道这个山丘底下一定有古墓，于是他们安放了炸药。由于药量未控制好，深夜爆炸声太大，惊动了村民，盗墓贼逃走，盗墓未能成功。村民立即举报，江西省文物考古研究所立刻对该墓葬及周边区域进行了考古调查，发现该古墓棺椁在地表十米以下，尽管棺椁受损，但未炸穿，古墓葬未受损失。

经过历时五年的考古发掘，2015 年，汉代海昏侯刘贺墓葬完整地展现在世人面前，海昏侯墓考古发现入选当年中国十大考古新发现。

海昏侯墓发掘，共出土一万多件（套）珍贵文物，成套出土的有编钟、编磬、琴、瑟、排箫、伎乐俑；竹简、木牍以及有文字的漆笥、耳杯等数以千计；五铢钱 10 余吨近 400 万枚；青铜雁鱼灯、青铜火锅上的花纹惟妙惟肖；青铜镜上镶嵌着玛瑙、绿松石和宝石；金器，包括数十枚马蹄金、麒趾金、金板、两盒金饼等数量已达 480 件，重量超过 120 公斤；玉器包括玉具剑、玉质耳杯、韘形佩；错金银装饰的精美铜车马器 3000 余件等等，都是汉代文物珍品。

尤其珍贵的有：孔子屏风，上有孔子图像及生平介绍文字，这是迄今为止发现的最早的孔子画像；证明刘贺身份的白玉印章，上刻有“刘贺”二字；大量的竹简和木牍，从这些简牍中发现了失传已久的《论语·知道》篇，今后必将发现更多的汉代文化信息。

海昏侯刘贺墓葬出土的文物，属于国家重要文化遗产，对研究汉代政治、经济、文化具有重要的意义。

令人不解的是在两千多年的历史长河中，海昏侯墓竟然没有被盗。经专家分析，有多种原因造成海昏侯墓侥幸地被保存下来了。

其一，两汉是刘氏天下，海昏侯家族墓园有专人看守，盗墓贼难以下手。

其二，东晋时期南昌发生一场大地震，地质发生变化，海昏国部分地区，包括海昏侯墓被湖水淹没，盗墓贼不具备水下盗墓的条件；考古发掘证明，墓内确有坍塌进水现象，故得以幸免被盗。

其三，海昏侯国中心，在赣江东岸的昌邑乡，那里至今保留有昌邑地名，在当地百姓口耳相传中，昌邑乡的游塘村是海昏侯国都，并在此村出土了不少汉代文物；而海昏侯刘贺墓却在赣江西岸，盗墓贼搞不清方向，找不到海昏侯墓。

其四，唐宋时期开始，民间兴起墓葬风水说，有权有势的人下葬都要选择在北高南低，坐北朝南方向，东西两边向南倾斜，就像一把太师椅一样，墓穴就在太师椅的正中。这点选墓地的原则，早被盗墓贼掌握。海昏侯墓下葬时间在西汉，还没有这一套风水说，故墓地选择在一个单独的山丘上。盗墓贼急功近利，对于墓葬风水，只知其一，不知其二，海昏侯墓才侥幸得以保存。

其五，现代盗墓贼，穷凶极恶，见古墓就挖，被他们碰到了，却被淳朴、善良的村民给保护下来了。

海昏侯墓是幸运的，然而刘贺却是不幸的。

刘贺（前 92—前 59），为汉武帝之孙，曾被权臣霍光扶上帝位，但 27 天后即遭废黜，成为西汉在位时间最短的皇帝。被废后，先贬山东昌邑，再贬江西海昏，一生经历王、帝、侯的跌宕起伏，只活了 33 岁。

刘贺缺乏心机，把握不住机会。刘贺是个大大咧咧、个性张扬的人，说白了就是一个没有心计的纨绔子弟。对于正确的建议，他分辨不清，即使明白，也没有决心改变

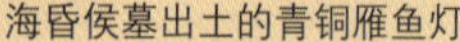
海昏侯墓出土的青铜雁鱼灯

海昏侯墓出土的

海昏侯国遗址博物馆

刘贺的白玉印章

自己任性的个性，致使有为之人纷纷离去。当上皇帝之后，刘贺依然爱出宫游玩。光禄大夫夏侯胜拦住他的马车不让走，谏言道：“最近天空一直阴阴沉沉，但是也不见下雨，臣观天象，这预示着有大臣想犯上作乱。陛下您千万别外出，不安全啊！”一心想出去的刘贺生气了，骂夏侯胜“妖言惑众”，令人把夏侯胜给绑起来带走。结果这个忠心耿耿的夏侯胜，不但自己没有用上，反而被对手霍光拉拢走了。缺心眼的刘贺，根本就不是霍光的对手。

刘贺不知面对现实，承认失败。权臣霍光死后不过4年，在汉宣帝元康二年（前64），其家族被诛灭，与霍氏相连坐者数千家。可见刘贺的死敌霍光家族覆灭，对刘贺来说应该是高兴的事情，可是刘贺却不知收敛，不拥护汉宣帝，反而讲一些不得体的话。有人奉承刘贺，说他不会久为列侯，刘贺回答说："可能吧！"结果有人把这个对话上报了，有关部门核实后，要逮捕他。最后汉宣帝下诏，削去海昏侯刘贺三千户食邑，刘贺只剩下一千户食邑。从考古发掘出土的黄金和五铢钱来看，刘贺财力不可能不引起皇帝的猜疑，可见刘贺政治上不成熟。

刘贺不会调整心态，转移注意力。刘贺被看作"天之所弃"的"嚚顽放废之人"，受到地方官员严密监视。"扬州刺史柯"和"豫章太守廖"或举报其言行，或关心其继嗣。刘贺来海昏侯国后，仍然没有超脱宫廷斗争的惯性，坚持使用昌邑王封号，就是一个心有不甘的表现；墓葬出土九鼎的规格，也在泄漏其内心的秘密。与之比较，明代宁王朱权被软禁在南昌后，他将自己的注意力转移到道教养生方面，减轻了内心的痛苦；将自己的爱好转移到文学、戏剧、音乐等创作和研究上，使自己的心胸开阔。刘贺被贬海昏，继续陷在宫廷斗争窠臼里，仅活了33岁；朱权超脱了宫廷斗争范围，故活了76岁。

海昏侯国遗址公园具有国际一流遗址公园建设的标准，综合容纳了展示陈列、文化交流、文物库藏、研究保护、考古研究、管理服务、后勤设备七大功能，是南昌一大旅游观光、文化体验、生态休闲的好去处。

四、万寿宫

南昌有两个著名的万寿宫，一个是西山万寿宫，它是天下万寿宫的祖庭；一个是铁柱万寿宫，它是海内外1000多所会馆万寿宫的宗盟。

西山万寿宫在新建区西山镇，又被称为道教净明派祖庭，是江西最大的道教建筑群之一，目前有八栋大殿，分别是高明殿、关帝殿、三官殿、谌母殿、三清殿、夫人殿、玉皇殿、财神殿，其中高明殿是主殿，供奉着净明道祖师许逊。

万寿宫因许逊而兴起。许逊，字敬之。据道书记载，东吴赤乌二年（239）正月二十八日许逊出生在南昌县麻丘乡武溪村，东晋宁康二年（374）农历八月十五日在西山镇住宅白日冲升，在世136岁。相传许逊母亲每天撑船送许逊过河上学，风雨无阻，在麻丘乡至今留有慈母渡地名。

据传许逊“少以射猎为业，一旦，入山射鹿，鹿胎从箭疮中出堕地，鹿母舐其子，未竟而死。逊怆然感悟，折弩而归”。从此许逊终生追求忠孝，新建区留有鹿岗地名。

自从唐代道士胡慧超撰写《晋洪州西山十二真君内传》以后，关于许逊及其弟子的传奇故事不断演绎，成为江西及附近省市脍炙人口的传奇故事，既有关于许逊忠孝信义、表率邻里的传说，又有关于许逊学道成功、道术称奇的故事；既有关于许逊为官清廉、拯救县民于水火的传说，又有关于他率领弟子斩蛇除蛟的传奇故事。

西山万寿宫源起于许逊住宅。据传，公元374年，许逊得道，携家四十二口冲升，此事演变成一条成语：“一人得道，拔宅飞升。”许简在其族叔许逊故宅地基上建“许仙祠”以祀之。至南北朝时，改祠为观，命名为“游帷观”。由于朝代更迭，至唐初，游帷观已荒芜。天师胡慧超主持重修游帷观，并撰写了《晋洪州西山十二真君内传》，

西山万寿宫

扩大了许逊信仰的影响。在唐末五代时，西山被杜光庭的《洞天福地岳渎名山记》收入，列为道教三十六洞天之第十二洞天，七十二福地之第三十八福地。

万寿宫名称始于宋代。北方少数民族不断南侵，宋代统治者只能一面与之抗衡，一面巩固安定内部。而安定内部好办法之一就是用宗教来禁锢民众，使百姓甘愿做顺从的良民。由于许逊信仰倡导忠孝，引起北宋王朝重视，宋太宗、真宗先后给游帷观赐名赏物。大中祥符三年（1010），宋真宗又赐内帑，增修观宇，将“游帷观”改名为“玉隆观”，并在玉隆观设置提举等朝廷命官，提高了玉隆观在道教中的地位。

宋徽宗即位后，对西山万寿宫格外青睐。据说宋政和二年（1112），宋徽宗背部生了恶性脓疮，痛痒不已，御医治不好。一天夜里，他梦见东华门来了一位道士，头上戴着九华冠，身披深红色的章服，来到殿前向他施礼。宋徽宗问：“你是谁呀？”那道士回答：“我姓许名逊，见你背上患疽，特来相医。”当即取药涂在患处，徽宗一阵凉爽，用手一摸，背上脓疮没有了。忽然醒来，道士不见踪影。于是立即下诏，修建洪州西山许真君道场，将玉隆观升格为玉隆宫，并在玉隆后添“万寿”二字，给许逊上尊号为“神功妙济真君”。政和六年（1116），宋徽宗又下诏，按西京崇福万寿宫模式，扩建玉隆万寿宫，工程完成后，玉隆万寿宫规模宏大，超前绝后。宋徽宗还亲书“玉隆万寿宫”匾额，钦赐真君塑像，铜铸香炉、烛台、银器、法服、玉案，提升许逊道派品位。

西山万寿宫高明殿

西山万寿宫进香旗幡和香客

万寿宫庙会习俗是由道教信仰派生而来，以万寿宫为依托的道教民俗文化，源自东晋，绵延不断，经久不息。据道书记载，许真君于晋宁康二年（374）农历八月初一，受上天诏命，于八月十五日携全家四十二口连同鸡犬拔宅飞升。此后，洪州百姓为纪念许真君，于农历八月初一至十五来朝拜许逊。久而久之，前往朝拜的人越来越多，于是约定俗成把这一段时间定为朝圣期。

万寿宫庙会在唐代规模就已经盛大，而且还演绎出了一个千古传诵的爱情故事。唐代裴铏在《传奇·文萧》中描绘了凡人文萧与仙女彩鸾之间的爱情故事，后又被明代冯梦龙编进《古今小说》中了。故事大意说，仙女吴彩鸾与众仙女在游帷观参加庙会，被前来看热闹的书生文萧瞧见，为之心动，一路跟着她们，跋山涉水，无比艰辛地来到了萧峰，结果被仙童发现，带到吴彩鸾跟前来。彩鸾说："你是文萧，我早知道你跟着我们。"并友善地款待了他。不久仙童呈送文簿来。吴彩鸾签字后，一脸严肃。文萧问彩鸾发生了什么事，彩鸾不肯说。在文萧一再恳请下，彩鸾把两天后将有大风把一艘船掀翻，会淹死不少人的事告知。文萧说："那我们赶紧去告诉船家，让他们不要开船。"彩鸾说："刚才我泄露了天机，上天将罚我。"果真不久从天上降下一位天使，他宣判上天的天条："吴彩鸾私泄天机，谪为民妻一个世纪。"从此，吴彩鸾下凡，做文萧妻子。书生文萧无力养家，吴彩鸾每天抄写《唐韵》，然后让文萧拿去市上售卖，维持生活。后来两人修道成功，再次跨虎飞天成仙。时至今日，萧峰顶上还散落着历朝历代祭祀两位仙人的遗物。

南昌西山万寿宫庙会至今还在举办，每年农历七月二十九至八月十五日为朝圣期。香客来之前，必沐浴斋戒，梳头换衣，肩上斜挂黄色进香袋，敲锣打鼓，结队前来。

明清铁柱万寿宫图画

此间商业活动兴盛起来，“商贾百货之贸易，奇能异技之呈巧，茶坊酒垆，旅邸食肆，漫山蔽野，相续十余里之间”。庙会期间，整个西山镇，香客摩肩接踵，川流不息。

南昌铁柱万寿宫始建于东晋永嘉六年（312），当时称旌阳祠，唐懿宗咸通年间（860—873），改名铁柱观。北宋真宗景德年间，赐额景德观，宋重和元年（1118），改额延真观。南宋宁宗嘉定年间（1208—1224），题额铁柱延真宫，首次将观改为宫，提升了万寿宫的规格。元朝元贞元年（1295）改赐为铁柱延真万年宫。明朝嘉靖二十六年（1547），世宗皇帝赐额妙济万寿宫。铁柱万寿宫历次更名均受当朝天子赐额。

明清时期，铁柱万寿宫既是官方祭祀场所，又是江右商会馆所在地。由于铁柱万寿宫在南昌城内繁华地段，宫内许真君又是官方认可的神，于是每年地方官员都会在固定的日子前来铁柱宫举行祭祀仪式。江右商是万寿宫捐助大户，为借重许真君影响，长期租用万寿宫房子，形成会馆与道宫合署模式。这种模式被各地江右商模仿，所以清代就有铁柱万寿宫是天下万寿宫“宗盟”之说。

铁柱万寿宫遗址，即今万寿宫文化博物馆。在万寿宫文化街区中心地段，围绕着它设有江右商会馆，前店后坊式的铺面，所有建筑皆是赣派传统风格。

万寿宫文化街区既是道教文化庙会展示地，又是传统商业老街区；既是老南昌人忆旧、品尝小时候味道的地方，又是吸引游客了解南昌传统与现代的旅游景区。

五、滕王阁

滕王阁因滕王李元婴而得名。李元婴是李世民的弟弟，贞观十三年（639），年仅9岁的他被封为滕王。在封地他骄奢淫逸，大兴土木，修建亭台楼阁，供他吃喝玩乐。为警告他，唐高宗在永徽四年（653）将他贬谪到洪州任都督，洪州也就是今天的南昌。

初唐时期，江南还是“丈夫早夭”之地，是朝廷流放官员的地方，凡来到这里的人，大多早死，难以返回长安，可见高宗对这位皇叔的态度。政治上不得志的李元婴，更加放任自己。他每天不问政事，或外出打猎，或游山玩水，或集幕僚观赏歌舞伎表演。一天在城外章江门边娱乐，忽然暴雨骤至，一班人马匆匆赶入江边废弃的粮仓躲雨。其时南昌是南粮北运的中心，江边建有不少粮仓，木质粮仓容易受潮腐烂，几十年后就需重修，有的维修费用比新建费用还高，于是江边常见废弃的粮仓。有聪明的下属揣测滕王心态，斗胆建议：何不在此修建一座专供娱乐的高楼呢？既可将西山美景一览无余，又可尽歌舞之乐，还可随时驾船远游。这一提议，正合滕王心意，于是他立即召集能工巧匠，精选木石，择日破土，昼夜赶工。数月之后，一座高阁就在章江门边兴起，命名为“滕王阁”。从此该

阁歌舞不断、宴饮无数。

滕王阁因王勃而升华为天下第一阁。王勃，字子安，绛州龙门（今山西河津）人，父亲王福畤，时任交趾（今越南）县令。当年王勃 14 岁，自山西前往交趾探望父亲，路过南昌。此时滕王李元婴已经调往四川阆中任刺史，接任洪州都督的是一位颜公。他正准备在滕王阁组织一场私

滕王阁

滕王阁上王勃作序蜡塑

人宴会，借秋日赏景之名，行歌功颂德之实。

颜都督的女婿文采颇佳，人也乖巧。颜都督有意让他事先准备好一篇文章，名义上是借景抒情，实际上是既达到颂扬颜都督的功绩，又展示其家后有来者之意。

为了扩大影响，宴会自然要邀请达官贵人来捧场；为了粉饰文化氛围，也必须邀请一些文人来参加，以烘托文化气氛。来到现场的文人，一般都会讲几句恭维话，即兴赋诗作文的人少之又少。颜家女婿，既有才气，又事先准备了文章，于是颜都督不担心节外生枝了。

少年王勃，远途跋涉，旅行路过南昌，可以说人生地不熟。听说颜都督家宴，邀请文化人入场参加，正好可以饱食一顿，于是欣然参加。

滕王阁果然布置得豪华气派，达官贵人，熙熙攘攘；太太小姐，雍容华贵。少年王勃，衣衫脱色，皮肤黧黑，眼神忧郁；别人高谈阔论，他却孤单坐歇；别人凝视窈窕淑女，他却独览窗外景色。

颜都督引导大家上楼观景，目的是要让他女婿的文章得以宣读。为了客套，颜都督让大家见景赋诗，各逞所能。有几个熟悉的文人，率先吟诵不入流的打油诗，惹得众人哄笑一番。满腹诗书的王勃触景生情，一时没有控制住少年冲动的心，即兴诵出：“海内存知己，天涯若比邻。无为在歧路，儿女共沾巾。”满屋之人，无不吃惊。在众目睽睽之下，王勃不得不介绍说：“小生王勃，山西人士，前往交趾，经过此地，打扰大家了。”

赋诗活动环节结束，进入宣读文章阶段。为了客套，颜都督让侍者端出纸和笔，请宾客书写文章。由于没有准备，来宾都纷纷躲让，有聪明的人嚷道：“让王勃写！”当侍者来到王勃跟前时，王勃只好取笔展纸，写下题目——《秋日登洪府滕王阁饯别序》。他稍一沉思，就奋笔疾书。一边书写，侍者一边宣读。当颜都督听到“豫章故郡，洪都新府”时，禁不住小声说道：“这不过是老生常谈。”又当听到“星分翼轸，地接衡庐”时，他不再作声了，感觉文章确实不错。接着颜都督闭目静听，当听到“落霞与孤鹜齐飞，秋水共长天一色”时，猛地张开眼，脱口而出：“好！”见众人都看着他，解释道：“这篇文章是传世佳作！继续，继续。”直到文章宣读结束，没有一个人离开，没有一个人不啧啧称奇。

聪明人本来是想拍颜都督马屁，给王勃出难题，让这个不知轻重的少年难堪，哪里知道，反而给王勃一个展示才华的机会。而颜都督女婿的文章不敢拿出来，只好烂在肚子里。

“阁以文传，文以阁名。”王勃的《滕王阁序》，一经出世，立马远播，凡是读书之人，莫不读《滕王阁序》。韩愈说:“愈少时,则闻江南多临观之美,而滕王阁独为第一,有瑰伟绝特之称。”辛弃疾说：“王郎健笔夸翘楚，到如今，落霞孤鹜，竞传佳句。”一千多年以来，滕王阁引得无数文人骚客慕名而来，登阁赋诗，作文留念。滕王阁已不再是歌舞宴饮之楼，而是天下闻名的文化之阁。

时至今日，有关滕王阁的诗文究竟有多少，难以统计，据《滕王阁诗文广存》一书统计，20 世纪 80 年代以前，约有 1970 篇，显然收集不全。也有好事之人，将名人名诗经过修改后，说成是在滕王阁所作。滕王阁屡兴屡废，共计 29 次，最后一次被毁，是在 1926 年北伐军打进南昌城之前，孙传芳军阀部队放火焚毁。改革开放后，在党和政府领导下，新的滕王阁于 1989 年建成，坐落在赣江与抚河交汇处，以其魁伟雄姿与深厚的历史文化内涵，迎候着来自五湖四海的嘉宾。

六、绳金塔

绳金塔，位于江西省南昌市西湖区绳金塔街东侧，是南昌市地标性建筑。塔高 50.86 米，塔身为明七暗八（外看七层，内加地下一层），塔外呈八边形，朱栏青瓦，墨角净墙，鎏金葫芦顶，在飘逸的飞檐上悬挂着铜风铃，七层七音。塔内呈正菱形，有旋步梯直通上下八层。每层均设有四个真门洞、四个假门洞，各层真假门洞上下错开，第一层为月亮形门，第二、三层为如意形门，第四至七层为火焰形门，为江南典型的砖木结构楼阁式塔。

绳金塔始建于唐代天祐年间（904—907）。据陈弘绪《江城名迹记》记载，绳金塔为千佛寺异僧惟一所建，相传破土动工时，挖得铁函一只，内有金绳四匝，刻有“驱风”“镇火”和“降蛟”汉字的古剑三把，盛有舍利子三百粒的金瓶一个，塔建成后，遂命名为“绳金塔”。该塔古朴无华，既有道教色彩，又有佛教风格。

绳金塔建成后，历经沧桑，屡毁屡建。据文献记载，绳金塔经历过三次重建。第一次重建在明洪武元年（1368），元末朱元璋与陈友谅大战南昌，绳金塔毁于兵燹，塔下寺僧募资重建。第二次重建在清康熙五十二年（1713），康熙四十七年（1708）绳金塔坍塌，在巡抚佟国勷的主持下，经过五年重建。至五十二年完成。第三次重建在清同治七

绳金塔

剑池

年（1868），咸丰三年（1853），绳金塔又毁于兵燹。从同治六年（1867）七月开始，在巡抚刘坤一主持下修建，至同治七年底完成。

南昌属于亚热带季风气候地区，木质建筑容易腐烂，一般 50 年左右，就必须用新木换朽木。据文献记载，绳金塔经过无数次维修。最近大修的一次是 1988 年。在绳金塔地宫发现一批珍贵文物，其中有 5 只分别装有谷、黍、豆、茶和酒的青花瓷罐，有铜如意、铜鼎、铜鉴各一件，内装铜钱及部分铜器残片的石函一只。在塔刹，也就是塔顶部位，发现袈裟一件、经书数本、玉如意一件、六朝铜印一只。

绳金塔是一座佛塔，建在寺庙中，塔内藏有舍利子和经书。每当塔需要修建的时候，寺庙里的僧人都起了积极推动作用。地方官员和老百姓也把绳金塔看作是佛塔。据记载，唐代禅月大师贯休在西山云堂院做方丈时，绘制了十六罗汉像，每遇旱季，老百姓前往西山云堂院向十六罗汉祈祷，每祷一次，皆有应验。及至北宋时期，前往西山祈祷的人就更多了，地方官员潘兴嗣捐献俸禄，请画家临摹十六罗汉像，贴在绳金塔内的墙壁上，方便南昌城内老百姓祈祷，可见潘兴嗣把绳金塔看作是佛塔。

绳金塔又是一座镇邪塔，它建在风水宝地上。民间传说有驱风、镇火、降蛟功能，能保南昌地方平安，具有浓厚的道教色彩。塔的设计糅入了道教风格，如塔刹呈葫芦形，门呈如意形，在地宫里藏有道教法器。南昌民谣说："藤断葫芦剪，塔圮豫章残。"意即绳金塔是豫章镇邪的宝塔，不可或缺。

今天的绳金塔，周围环境已整治一新，既是佛教文化庙会展示地，又是市井传统老街区；既是外来游客了解南昌传统的好去处，又是南昌本地人寻找历史足迹的好地方。

七、佑民寺

南昌佑民寺是中国著名寺庙，是佛教“洪州禅”发源地，坐落于江西省南昌市东湖区民德路181号。寺内建筑分主殿与侧殿两大建筑群，主殿包含山门、天王殿、大铜佛殿、大雄宝殿、法堂等；侧殿包含尊客寮、客堂、大寮、库房、观音殿、祖师殿、伽蓝殿、地藏殿等，建筑面积共9000平方米左右。

南昌“三宝”，指佑民寺铜佛、钟鼓楼铜钟、普贤寺铁象。目前仅存南唐时期的铜钟，重10064斤，放置在钟鼓楼内。嘉庆年间铸造的大铜佛，高一丈六尺，重三万六千斤，南昌民谣说：“江西穷是穷，却有三万六千斤铜。”大铜佛本是南昌人侃大山的骄傲，可惜在“文革”中被毁。大铜佛于1995年重铸，现藏佑民寺主殿内，目前仍是世界上室内最大的铜佛像。

据文献记载，寺庙最早建于南朝梁天监年间（502—519），豫章王府水井中，“蛟斗甚激，豫章王萧综造大佛一尊，以镇蛟龙”。塾师葛鲟为讨豫章王欢心，把自己的住宅让出来建庙安置大佛，称之为大佛寺。唐朝开元年间（713—741），大佛寺改名开元寺。此后寺庙多次毁兴，多次更名，如上蓝院、承天寺、能仁寺、永宁寺、佑清寺和佑民寺。

唐朝大历四年（769），高僧道一从南岳衡山来到开元寺（即今佑民寺）。他在寺庙内开设道场，广收僧徒，弘传佛法，在15年内，先后培养弟子130多人。道一被公认为洪州宗的创始人，他俗姓马，所以佛门弟子尊称他为马祖，又称“马祖道一”。洪州宗是唐代两大禅宗之一，开启了

佑民寺山门

后世临济、沩仰、杨岐、黄龙等佛教宗派。

洪州宗认为，触类是道而任心，把人的生心起念、一举一动都看成是佛性的表现。

洪州宗使文化层次低的老百姓，不用读晦涩难懂的经书，也可以信佛，甚至可以修道成佛。一些每天砍柴挑水、种地打鱼的劳苦大众，他们没有时间和精力，也没有文化能力读佛教经书，但只要哪一天信仰了佛教，就是开悟或顿悟了，就是合格的信徒。“醍醐灌顶”一词，即源于此。至今南昌民间有不少底层百姓，他们没有读过佛教经书，但不影响他们信佛。他们定期或不定期去寺庙礼拜，静下来的时候，一边休息，一边口念简单佛经，甚至更简单的念法，口中不停地念：“阿弥陀佛、阿弥陀佛、阿弥陀佛……”尽管他们不懂佛教理论，但他们却有着强烈的佛教信念，如礼佛，祈求保佑，希望有一个好的来世；施善，就是积德，积德就是给子孙造福。受洪州宗影响，民间不少文化层次很低的人，也是虔诚的佛教徒。

历史悠久的佑民寺，流传着不少名人佳话。据说朱元璋与陈友谅大军相持之时，曾微服暗访佑民寺，被寺僧再三追问其姓名。朱元璋非常不悦，便在殿壁上题诗一首：

余尽江西数万兵，腰间宝剑揌留腥。
野僧不识山河主，只管叨叨问姓名。

题罢便离去，寺僧甚恐。一云游僧夜宿于寺，见众僧慌乱，皆因壁上诗，读后便抹去，另题一诗：

室内最大铜佛

御笔题诗不敢留，留时惟恐鬼神愁。
好将江水频频洗，犹有毫光射斗牛。

这是在暗捧朱元璋，不久就要登基做皇帝了。第二天，朱元璋果真带人来寺，阅读新诗后，哈哈大笑说："寺内人才济济！"朱元璋不再追究了。

新中国成立后，党和政府十分重视佑民寺的保护工作。1957 年，江西省人民政府宣布佑民寺为第一批省级重点文物保护单位。"文革"期间佑民寺遭到造反派破坏。改革开放后，佑民寺逐渐得到修复。目前佑民寺已是海内外著名的佛教活动场所，也是南昌市重要的游览圣地。

八、南极长生宫

南极长生宫位于南昌市新建区石埠镇璜源村缑岭东麓。南极长生宫属宫廷风格建筑群，前有南极殿，左有泰元殿和冲霄楼，右有旋玑殿和凌江楼，宫前有醉仙亭。随着历史的发展，这些建筑荡然无存，目前仅遗存一对6.9米高的八菱形石质华表，挺拔肃立，上面刻满了费解的道符。南极长生宫是朱权晚年修道和著述的地方。

朱权（1378—1448），明太祖朱元璋第十七子，号臞仙，又号涵虚子、丹丘先生，封宁王。封地原在内蒙古宁城，在靖难之役中被燕王朱棣裹挟，共同反叛建文帝。朱棣曾对朱权许诺：事成之后，平分天下。朱棣即皇位后，违背承诺，将朱权改封南昌，实际上是将朱权软禁在南昌。

永乐年间有人告发宁王朱权，说他在南昌装神弄鬼，诅咒皇帝。永乐皇帝朱棣大怒，于是派国子监祭酒胡俨深

南极长生宫遗址前的华表

入南昌，搜集朱权的谋反情况。名义上是探望朱权，实际上核查，一经查实，朱权将有杀身之祸。

胡俨是一个厚道之人，虽有上方宝剑，但绝不胡作非为。他来到南昌对朱权的情况进行了全面核查，发现朱权并无反意，而是在朝着归隐山林、研究学术的方向发展。胡俨、朱权两人在西山缑岭南极长生宫进行过一次谈话，有两句关键对话被记录了下来。

朱权问："京中柴米今如何？"

胡俨回答说："但闻天子圣恩多。"

这两句对话，外人会认为答非所问，其实并非鸡对鸭讲，而是暗语交流。朱权问的是京城的政局如何？胡俨回答的是皇帝正受越来越多的人拥护，表白了胡俨站在朱棣皇帝一边。朱权是何等聪明敏捷的人，马上夸奖胡俨：有胡大人这样的俊杰辅佐皇帝，天下何能不富庶太平！于是一边领着胡俨参观南极长生宫，一边表示自己无心过问政治，只专心修道，研究学术。当胡俨见到朱权撰写的著作及其未来的设想后，十分吃惊，这些著作既有音乐、戏剧方面的，又有道教方面的，还有茶道方面的，洋洋洒洒，蔚为大观。胡俨作为读书人，深知做学问的不易，眼前这个朱权，确是一个奇才。胡俨更是一个惜才之人，有心帮朱权，于是问朱权道："宁王大人，何不把内丹修炼之道向皇帝汇报一下呢？"朱权立即心领神会，回答道："胡大人一语，醍醐灌顶。感谢胡大人提醒！"并请求胡俨留下墨宝。胡俨答应，待以后有空写一篇文章。

胡俨回到京城，谨言慎行，他知道伴君如伴虎、君臣有别的道理，何况皇家兄弟之间的事情，不该说的坚决不说，该说的句句如实。听了胡俨的汇报，永乐皇帝对朱权的疑心似有缓和。不久接到朱权奏折，这就是我们现在能够见到的《神隐志》，其中提到：

今西山之巅，有庐存焉，可以藏吾之老；西江之曲，有田在焉，可以种吾之禾；壁间有琴，可以乐吾之志；床头有书，可以究吾之道；瓮内有酒，可以解吾之忧……白云出没，如与吾之相揖。慨然有思，勃然有志，此山间之豪杰也。不觉与造化俱化，其斯乐岂可一人共语哉？而吾自得之可为不凡于志矣。

永乐皇帝朱棣看完朱权奏折后，感觉朱权这个亲弟弟

《洪崖山房图》陈宗渊 / 明代

是个识时务者，留着他，可增添美名；杀了他，徒增恶名耳。于是大笑数声，亲书“南极长生宫”横匾赏赐给朱权，从此对朱权网开一面：政治上从严，经济上从宽。

胡俨得知永乐皇帝对朱权的态度后，如释重负，立即给朱权撰写了一篇文章，这就是我们今天可以看见的《敕封南极长生宫碑》。开篇强调皇帝特别允许，宁王地位特殊，非他人可比。然后用极其华丽的词句，赞美南极长生宫地理位置优越，规模宏大，结构精巧，装修华美。最后点出学道修仙，此处最佳。此文既获得了皇帝朱棣欢心，又让宁王朱权高兴，可以说皆大欢喜。

胡俨的《敕封南极长生宫碑》显然有拍马溜须之嫌，但是人在江湖走，不得不为之，这是可以理解的。然而此次经历却让胡俨在内心深处留下了一个深刻印痕——伴君如伴虎。一个掌握生杀大权的皇帝，既可让他享有不尽的荣华富贵，又可随时让他死无葬身之地。虽然他可以克己守则，但是谁又能把握皇帝的心理呢？一个开明的君主尚且对自己的亲兄弟如此，如果换了一个庸君，自己的守则又有什么用呢？胡俨于是萌发了归隐山林的意念，请当时著名画家陈宗渊将自己隐居洪崖的梦想绘制成图画。

宁藩王（朱权）陵

其实在君主专制时代，具有归隐田园梦想的官员，绝不是个案，时任内阁首辅的胡广也为《洪崖山房图》题写了一首长诗，开头两句是：“平生不慕洪崖仙，为爱洪崖好山水。先生家住豫章城，志在洪崖白云里。”说明他与胡俨一样都有隐居洪崖做高士、过半耕半读生活的梦想。高处不胜寒，是当时每一位官员头上的紧箍咒。

朱权后半生基本上在南极长生宫修道，专心著述，成绩卓著，著有《天皇至道太清玉册》8 卷、《汉唐秘史》、《茶谱》；杂剧今知有 12 种，现存《冲漠子独步大罗天》《卓文君私奔相如》两种；戏曲论著有《太和正音谱》《务头集韵》《琼林雅韵》等，今存《太和正音谱》；编有古代琴曲集《神奇秘谱》和北曲谱及评论专著《太和正音谱》，收琴曲 63 首。

朱权在世时，就在南极长生宫后面建造自己的墓室，死后葬在该墓中。1958 年对朱权墓进行考古发掘，发现朱权墓是江西省最大的明代藩王墓，被称为“江南地下宫殿”，现为全国重点文物保护单位。

九、杏花楼

杏花楼是南昌一栋历史渊源久远的建筑。因为它坐落在老城区东湖的湖心岛中，自古以来就是稀贵建筑。唐宋时期该岛已经有建筑了，元代汪大渊购得湖心岛建筑，翻修为豪宅。明代正德年间（1506—1521）宁王朱宸濠购得，送给自己心爱的妃子娄妃作为梳妆台，也就是娄妃梳妆打

东湖中的杏花楼

扮娱乐的地方。明代万历年间（1573—1620）退位宰相张位购得，翻修后改名为“杏花楼”。清代乾隆年间（1736—1795）重修后改名为观音亭，因为在湖中，老百姓俗称“水观音亭”。民国初年重修，面积约 200 平方米，宅高两层，砖木结构，四季不淹。

娄妃画像

杏花楼与娄妃有着一段令人唏嘘、惋惜的历史。

娄妃（？—1519），名娄素珍，江西上饶人，兵部郎中娄忱之女，宁王朱宸濠妃子，明朝著名女诗人、书画家。

娄妃自幼秉性聪颖，其祖父娄谅，是著名理学家、王阳明的老师。他对娄妃爱怜有加，并亲自教授她诗文和书画。娄妃 8 岁能诵《论语》，对《诗经》《尚书》和《礼记》颇知大义。十二三岁时，琴棋书画，无所不通。15 岁时，被宁王选入府为妃。

有一术士对宁王朱宸濠说：“王爷，娄妃相貌极贵。日后尊贵未可估量！”朱宸濠细观之，果然才貌双全。朱宸濠是一个既迷信，又有野心的人，心想娄妃有皇后之贵，那他就有皇帝之尊，于是更加坚定了他的篡位之心。宁王王后刚去世，朱宸濠便命术士李自然卜卦，得到上卦，立即将娄妃册封为正妃，在众妃之上。

为宠爱娄妃，宁王朱宸濠把南昌最贵的豪

宅——百花洲湖中岛的豪宅买下来，作为礼物送给娄妃作为梳妆台用。豪宅内有“屏、翰”二碑，字体隽永，笔力遒劲，据说是娄妃以自己的头发蘸墨书写的。“屏翰”二字，出自《诗经·大雅·板》中的：“大邦维屏，大宗维翰。”娄妃写这二字，是期望朱宸濠成为朝廷的肱股重臣，可是朱宸濠却辜负了她的一片诚心。

娄妃喜爱吟诗作画，朱宸濠觉得她的诗画略显稚嫩，正德十四年（1519）派人前往苏州，以重金征聘江南四大才子之一的唐伯虎来南昌，专门教娄妃作诗绘画。唐伯虎即唐寅，他诗、书、画样样称绝。在他的精心指导下，数月之后，娄妃进步很快，尤其在绘画方面，可入大家之列。

江南士大夫文人因倾慕娄妃的才艺，纷纷聚集到宁王身边，一时间，南昌百花洲畔、杏花楼前，人文荟萃，吟诗作画，日夜不歇。在这表面繁盛的背后，唐伯虎看出了宁王朱宸濠的谋逆之心。为避祸，唐伯虎提出身体欠佳、还乡休养的请求，可是朱宸濠断然不允。

天才也有不得已之时，为了对付独裁者的蛮横，唐伯虎只好装癫，时而当街小便，时而失足掉入南湖。看见师傅装疯卖傻，娄妃心中难受。当朱宸濠放松看管之时，娄妃立即派丫鬟给唐伯虎送去一个果盒，里面只装着一个桃、一个梨，唐伯虎立即明白了娄妃的意思：“桃梨”谐音“逃离”，这不就是暗示他，现在可以逃离了吗？于是唐伯虎连夜逃离南昌，脱离了朱宸濠的狼牙虎口。

娄妃是一位既有政治头脑，又有儒家传统思想的女人。当她发现朱宸濠有谋逆之心后，想方设法规劝。有一次，朱宸濠送给娄妃一幅沈石田的《樵夫上山图》，以表明他篡位的决心不可动摇。

娄妃明知难以劝解，仍然提笔在画的空白处留题：

妇语夫兮夫转听，采樵须知担头轻。
昨宵雨过苍苔滑，莫向苍苔险处行。

娄妃这是在郑重劝诫朱宸濠，不要身在福中不知福，偏向祸中寻死去。朱宸濠见到娄妃留题后，黯然不语，仍要一意孤行。

正德十四年（1519）七月三日，朱宸濠不听娄妃苦劝，起兵谋反，不到三个月，就被王阳明杀得落花流水，全军覆没。当朱宸濠关押在囚车中，他想起了娄妃苦口婆心的劝说，流着泪说：“商纣用妇人言亡国，如今我以不用妇言亡身，今悔恨何及！”得知朱宸濠兵败被囚，娄妃悲愤不已，留下《西江绝笔》：

画虎屠龙叹旧图，血书才了凤眼枯。
迄今十丈鄱湖水，流尽当年泪点无。

娄妃投江自尽，一代贤妃，就此香消玉殒。

唐伯虎在苏州听到娄妃投江自尽的消息，哀叹不已，从此他爱画女杰图。女杰图中，画得最好的是貂蝉，而貂蝉的样子就是唐伯虎记忆中的娄妃容貌。为排遣心中的哀思，唐伯虎写下《怀娄妃》诗三首：

其一
崔徽空写镜中真，洛水难传赋里神。
国色自来多命薄，桃红又见一年春。

杏花楼

其二

爱惜难将穷袴赠，凋零似把睡鞋留。

红颜春树今非昨，青草空埋土一丘。

其三

花落花开总属春，开时休羡落休嗔。

好知青草骷髅冢，就是红楼掩面人。

娄妃死后，人们为之惋惜。最早为娄妃建墓的是王阳明，当听说娄妃尸体在德胜门外赣江边被发现时，他下令“立墓扬节”，就地下葬。进入清朝后，历代文人来南昌都要去寻杏花楼或娄妃墓吊唁景仰一番。最为推崇娄妃的，要数蒋士铨。蒋士铨，进士出身，乾隆时期翰林院编修，著名学者。他先后为娄妃创作了两个剧本，为各地戏班排演，使娄妃的故事流入大街小巷，广为传播。

水观音亭 1986 年进行了重大维修，基本维持原貌，现恢复“杏花楼”原名，不时有历史、文化学者前来探访。

十、状元桥

状元桥在南昌市内，是东湖与南湖的分界桥。最早建于明万历四十七年（1619），初称“广济桥”，乾隆年间维修后，改名为“状元桥”。原桥为石质结构的拱桥，1935年，为便于行车，拓宽改建为平桥，用混凝土材质修建。1996年，再次修缮。

东湖与南湖的分界桥——状元桥

状元桥的称呼与戴衢亨有着直接关系。明清时期，南昌城内的东湖是文人雅士必游之地。相传，石拱桥刚修建，栏杆尚未完善，有一群秀才从这里路过，建桥老工匠有意考考他们，声称只有对上了对子才能通行。石匠道：“大桥刚合，从此通行，必吟诗作对，有所感，有所为。秀才公有何想法？”其中一位沉思了一会儿答道：“小生新中，尔后为官，当效国惠民，不图名，不图利。众父老不必担心。”石匠们非常满意，于是在广济桥的桥柱上，将此联刻上。数年后，戴衢亨高中状元，返乡路过南昌，再次游历东湖，经过该桥，看见这副对联，忆起往事，对随行同伴说：“当年那位对联的书生就是我。”地方官员知道后，大为惊奇，立即将桥改名，请人把“状元桥”三字刻在石墩上，以记其盛。

状元桥在全国越建越多，还得益于戴衢亨的人品。据传大庾县官宦家族戴家与赣县大家族钟家保持着传统联姻关系。当年钟愈昌在建造豪宅之时，邀请戴家的长者戴第元前来做客捧场。适逢做“正栋”之梁，木匠见一妙龄少女匆匆跨过木匠的墨斗线，按照传统男尊女卑的规矩，这是不可以的，于是木匠对这位少女厉声呵斥。那少女却从容地反驳说：“师傅缘何发火？墨斗线有何不能跨？做官为吏之人不也是从女人胯下出来的吗？”一句话说得木匠无言以对。戴第元见少女如此聪明伶俐，心生好感，问身旁的钟愈昌夫妇：“此系何人？”机智的钟夫人抢着回答说：“小女也。”戴第元当即向钟家提亲，要娶此女为儿媳，钟愈昌夫妇爽快答应。后来发现是丫鬟，戴第元碍于面子，不好回绝，回心一想，人家可以把丫鬟当作女儿嫁，为什么不可以把丫鬟当儿媳养呢？再说人家确实很优秀，为什么要计较人家出身呢？戴衢亨是一个大孝子，父母的话言听计从。他与丫鬟成亲后，发现该丫鬟是一个颇有见地的女子，除了文化知识欠缺外，其他方面的知识非常丰富，小到日常琐事，大到气候、环境、农事等，没有她不清楚的，与他还挺合得来。戴衢亨高中状元后，没有抛弃糟糠之妻。这种传统美德，在官场上尤为珍稀，于是民间把此事放大，最后出现不少关于状元娶丫鬟的美传。

“状元过桥”瓷画

不少书院、科举考场也挖池建桥，这些桥都称为“状元桥”。“状元桥”，寄托着父母希望孩子跳出农门，做一个像戴衢亨一样学问好、人品好的大官。

瓷画中有不少状元桥。自嘉庆、道光开始，景德镇瓷画中出现了大量的“状元过桥”“状元还乡”，或称“百子图”的图案，所绘情节，基本上是戴衢亨的故事，所要倡导的是：希望所有的孩子都走读书当官之路。时过境迁，显然这种倡导，在今天是不合适的。

天下状元桥数不胜数，但像南昌状元桥一样有迹可查的不多。

第三章　俊采星驰

JUNCAI XINGCHI

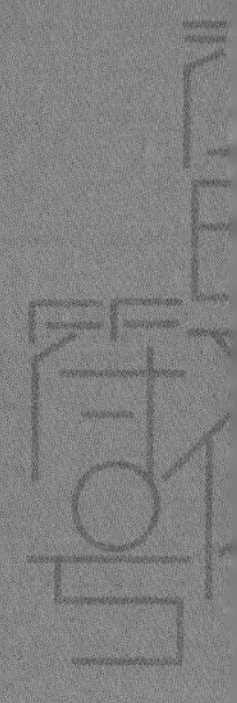

南昌自古以来就是物华天宝、人杰地灵的地方，历代所出的人才，就像天上的星星一样闪烁、繁多。在尊师重教方面的代表有澹台灭明、王阳明；在忠贞爱国方面的代表有王安石、刘绖；在著述方面的代表有朱思本、汪大渊和宋应星；在书画方面的代表有牛石慧、八大山人、罗牧、傅抱石和黄秋园等。他们有的是南昌人，却在外地做出了重大贡献；有的是外地人，却在南昌留下了不可磨灭的印迹。本章分别介绍他们在历史上的贡献、在南昌的成长，或者在南昌发生的故事。

一、尊师重教

澹台灭明与南昌教育

王勃认为唐初时期，南昌就已经是物华天宝、人杰地灵之城了。其实南昌文教事业早在先秦时期就已经开始了。最早的先驱者之一是澹台灭明。

关于澹台灭明个人事迹，最早记载的是《论语》，在“雍也”条中有这样的记载：“子游为武城宰。子曰：‘女得人焉耳乎？’曰：‘有澹台灭明者，行不由径，非公事，未尝至于偃之室也。’”这里的意思是说：子游做武城宰时，孔子问他说：“你那里发现了什么人才了吗？”子游说：“有一位叫澹台灭明的人，做事正派，从不走歪门邪路，如果没有公事，他从不到我屋里来套近乎。”可见澹台灭明是一位人品端正、工作认真、坚持原则、不拉帮结派的正人君子。

南昌的澹台灭明授课塑像

西汉司马迁在《史记·仲尼弟子列传》中，对澹台灭明的生平作了一个简短的介绍：“澹台灭明，武城人，字子羽。少孔子三十九岁。状貌甚恶。欲事孔子，孔子以为材薄。既已受业，退而修行，行不由径，非公事不见卿大夫。南游至江，从弟子三百人，设取予去就，名施乎诸侯。孔子闻之，曰：‘吾以言取人，失之宰予；以貌取人，失之子羽。’”通过以上文献介绍，我们对澹台灭明有了一个基本的了解。

澹台灭明，字子羽，是鲁国武城（今山东平邑县）人。春秋战国时期中原地区居住的是华夏族人，而四周都是少数民族，他们分别是东夷、西戎、北狄和南蛮，澹台灭明居住的武城是东夷人居住的地方，所以他是东夷人。澹台原是武城下面的一个小地名。由于东夷人没有固定的姓氏，为了与华夏人交往，于是他们就以地名为姓，澹台灭明的姓就是这样来的。

关于澹台灭明的丑陋，孔子认为他相貌不好看，司马迁采用了孔子的观点，也认为他面貌“甚恶”。这都是历史文献记载，不可更改。但是在《孔子家语·子路初见》中记载说：“子羽有君子之容，而行不胜其貌。”这里说澹台灭明人长得端庄，他的德行还配不上容貌，与孔子的观点似乎相反。为什么会这样呢？前人的解释都不太令人满意。如果我们换一个角度来考虑，还是很好理解的。因为澹台灭明是东夷人，有着额低口窄、鼻梁低矮、颧骨突出的长相，与华夏人不同，所以当时连“有教无类”的孔子也认为他相貌不好看，从而轻视了他，可见孔子受到了审美差异的影响。《孔子家语》是孔子及其门生活动的记录，经现代考古发掘材料证实，该书在战国时期就已经存在，是孔子弟子们的回忆集。弟子们在孔子反省对待澹台灭明的态度后，比较客观地评价澹台灭明，都认为他长相端庄、肃穆，有君子之风。可见澹台灭明不是长相丑陋，而是长相与华夏人不同而已。

关于澹台灭明跟随孔子学习。澹台灭明家里穷，交不起学费，又想学习先进的儒家理论，于是杂在弟子们中间旁听孔子的课，难怪孔子对他一点印象都没有。自从听了孔子的课程以后，他认识到儒家文化很重要，于是利用一切业余时间认真学习儒家经典。经过长期努力，他不光掌握了儒家理论思想，还处处以儒家思想要求自己，在工作上光明正大，不走邪路，不是为了公事，从来不去拜见上司。

关于澹台灭明来到南昌。由于东夷人生产方式落后，他们的生存空间逐渐被华夏人挤占，一部分东夷人选择接受华夏人的先进文化，与华夏人杂居，继续留在山东，两个民族逐渐融合；一部分东夷人坚持本民族文化，选择躲避华夏族，离开山东，迁徙江南。澹台灭明属于留在山东接受华夏文化的人，当他接触到华夏儒家文化后，发现儒家文化确实先进，有利于人类的生存和发展；反观南迁的东夷族人，顽固坚持落后的文化，发展前景堪忧。从民族大局出发，澹台灭明决心南下教化族人。

澹台灭明为了教化族人，抱有巨大的牺牲精神，自山东来到南昌。春秋时期的南昌属于楚国管辖之地，尽管土地肥沃，气候温暖潮湿，但由于生产力落后，卫生条件较差，瘴疠遍地，丈夫早夭，属于落后的少数民族集聚地区。澹台灭明来到南昌后，积极努力从事教书育人工作。跟随他学习儒家文化的人有三百多。他建立了一整套教学管理制度，使南昌成为当时儒学在南方最有影响的地方。后来孔子听说澹台灭明的事迹后，自我反省地说："凭语言判断，我看错了宰予；凭长相判断，我又看错了子羽。"

南昌民间流传着澹台灭明教学故事。据说澹台灭明所采用的讲学方式与孔子一样，多是问答讨论式。一天有一位弟子问澹台："先生，您的名字是'灭明'，字是'子羽'，这是相近还是相反之意呢？"

澹台回答："相近。'灭明'是指文明熄灭，'子羽'是指男孩用羽毛装饰。当年我就是一个来自东夷族、没有文化、用羽毛装饰的男孩。"

弟子说："先生，您的名应该叫'灭暗'，字应该叫'无羽'。因为您已经是文明的火把，照亮我们大家前进的道路。"

澹台灭明说："名字是符号，我的名和字已经不能改了。我希望你们朝着灭暗的方向发展，穿着无羽的服装生活。"

砖雕：澹台灭明墓

从此“灭暗”这个词就在南昌方言中广泛使用，时间长了，意思却渐渐变成了“黑暗”的意思了。后来又衍生出“灭黑”“灭古大黑”等形容黑暗的词汇。

澹台灭明在南昌逝世后，弟子们把他葬在城东郊外。随着经济的发展、城市的扩大，至唐代时，南昌城已把澹台灭明墓囊括进来了。近代新学兴起，南昌最早创办的中学——心远中学，建在澹台灭明墓边；后来学校扩建，澹台灭明墓保留在校区内。新中国成立后心远中学改造为南昌二中，澹台灭明一直是南昌学子崇尚的楷模。

关于南昌澹台灭明墓的真伪，自唐代开始，学者就在考证，唐代人认为：司马迁说澹台灭明南游至江，班固说澹台灭明南游至楚，而南昌又有澹台灭明墓，说明南昌的澹台灭明墓是真的。宋代学者程大昌来南昌任转运副使，他对三处澹台灭明墓做过认真的考证。首先，他认为山东武城县的澹台灭明墓不是真墓，理由是澹台灭明早年曾在武城做过小官，后来远游南昌，死后不可能长途跋涉回葬武城。其次，认为陈留的澹台灭明墓是假冢。理由是陈留在春秋时属赵国地盘，从汉代开始才称武城，澹台灭明从未来过此地。因此，只有南昌的澹台灭明墓是真的，于是程大昌决定在澹台灭明墓旁兴建了澹台祠，目的是让澹台灭明世代享受学子们祭祀。清代学者王谟，搜集了关于澹台灭明墓的大量材料，再次进行考证，最后确证南昌澹台灭明墓是真的。

总之，春秋时期，在中华民族大融合过程中，澹台灭明是中国最早主动放弃落后生活方式、积极教化族人接受儒家先进文化的少数民族代表，他为中华民族大家庭的形成做出了杰出的贡献。

王阳明与铁柱宫道长

在历史发展的长河中，有许多惊人的相似故事发生。晚唐进士施肩吾自修练气养生，遇到困惑，来洪州西山寻找高道帮助，终成内丹理论大家。600多年后，又有一个浙江小同乡，17岁的王阳明也遇到了同样的困惑，长思不解，偶遇铁柱宫道士，正中下怀。据《逍遥山万寿宫志》记载：

弘治元年，王守仁年十七，就婚于江西布政司参议诸养和署中，合卺之夕，散步铁柱宫，见道士趺坐一榻，与论养生之说，遂忘归家。人寻踪及之，次早始还。

王阳明客居南昌岳父之家，结婚这天，漫步来到铁柱万寿宫，看见一个老道士在门前盘腿打坐，于是上前搭讪。老道长阅人无数，一看就知道面前这个白面书生、谦谦君子，非池中之物，久后必有作为。王阳明态度温文尔雅，思想深刻独到，自然两位智者谈意越来越浓，话题越来越广，由浅入深，逐渐进入了道士擅长的练气养生领域。

对于一个自练内功的人，有很多疑问，苦于没处去问。当他把内修苦闷说出口,外行不知道他要想解决什么问题，答非所问的回答，当然不能满足他。对于一个内丹高手来说，一听话题就知道自修人的困惑出在哪里，能够立刻准确地提出解决办法。教者无心，听者有意，万寿宫道长稍一点拨，就把青年王阳明长期解决不了的问题给解决了。王阳明是一个悟性很高的人，知道眼前这个道长是一个难得一寻的高人，说不定第二天他就云游四方，再也见不到了，哪里愿意放过。于是心里盘算，必须要想方设法让大师多加指点。

南昌是净明道发源地，逍遥山是内丹修炼最早圣地，净明派内丹修炼方法

王阳明塑像

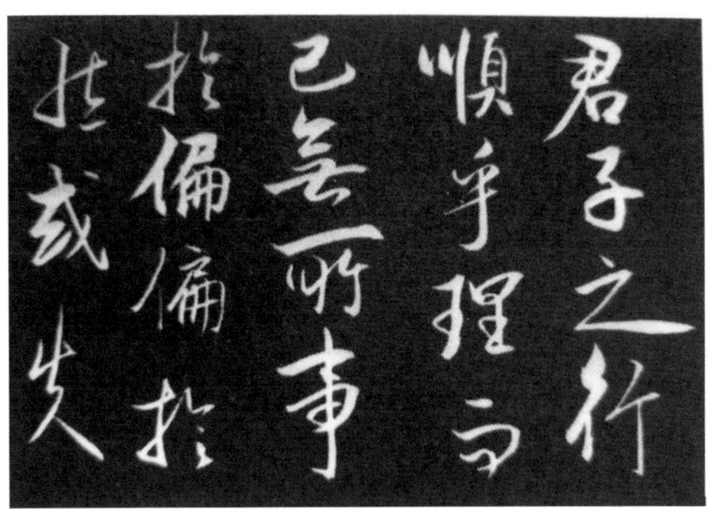

王阳明手书

是师徒嫡传、口耳相授的。丹书上写的方法是间接的，对于一个从未经过师傅指点的自学者，是不可能根据书上的方法独自修炼成功的，而只有在师傅引导下，在掌握基本方法，达到一定程度后，方能自修。如果没有师傅引导，独自修炼，十有八九会走火入魔。

王阳明心性很高，自学能力极强，在文学、书法、哲学等众多领域都有自己的系统看法，常被老儒们赞赏。但是在练气养生过程中，总达不到书中描绘的状态。他曾经请教过不少人，但一直未遇到内丹高人，所回答的问题总是避重就轻、隔靴搔痒，点不到核心，自然解决不了王阳明所要解答的问题。

南昌铁柱万寿宫道长的点拨，使他豁然开朗，知道世上原来还有自学学不了的东西，还有必须在师傅指导下才能上路的学问，于是潜意识里开始萌发知行合一的思想：

这个“知”是正确的认识，是对规律的把握，而不是间接的，甚至是错误的认识；“行”就是实践，只有在正确的认识指导下，人的行为才可能获得成功。

王阳明缠着老道长继续指导他往下练气。按照净明道内丹修炼原则，练气是有时间性的，只能在子夜之后、正午之前，上半夜是不可以练习的。王阳明为了尊重道长，只好等待子时的到来。在上半夜时间里，他们聊起了哲学、政治、宗教等，两人相谈甚欢，相见恨晚，不觉时间已到

达子夜，于是老道长开始指导王阳明练气。

第一个阶段是练己筑基。采用逆式深呼吸，一直要练习到下丹田有气感为止。本来这个需要半个月的时间，由于王阳明此前长期练习，有基础，只是不得法，练习的种类偏多，一会儿练习这家方法，一会儿练习另外一家方法。所以气感总是不得来。尽管王阳明在理论上明白，但是在实践上总是达不到理论上的效果。在老道长指导下，练习数个小时，气感就来了。于是开始第二个阶段炼精化气的讲解和练习。道长讲一部分，王阳明练习这部分；出现偏差，道长纠正，待练习到位后，再进行下一部分的讲解。实际上这就是中国传统的私塾教学方法，也就是后来王阳明概括的知行合一的认知方法。待第二阶段弄清楚后，天已大亮，还有第三阶段炼气化神和第四阶段炼神还虚没有来得及讲解，王阳明就被家人发现。两人交流被打断，家人急忙将王阳明拉走。

实际上，王阳明后来多次来铁柱万寿宫，将净明派练气养生方法基本掌握。王阳明终生静坐修炼，至于他的修炼功夫有多深就不得而知了。有人说王阳明提倡的“知行合一”受到了道教净明派内丹理论的影响，这是有一定道理的。

南昌铁柱万寿宫街区已经维修一新，诸位去参观的时候，不要忘了寻找王阳明向老道长讨教、学习的地方。

铁柱万寿宫山门

二、忠贞爱国

王安石与《旌阳祠记》

王安石（1021—1086），字介甫，号半山。江西临川人，北宋著名思想家、政治家、文学家、改革家。

宋真宗天禧五年（1021），王安石在临川出生，自幼聪颖，酷爱读书，过目不忘；稍长即跟随父亲宦游各地，接触社会，了解民间疾苦。在其父王益指导下，文章立意高远，词句奇丽。景祐四年（1037），王安石在京城结识曾巩，两人结为终生好友。

曾巩曾任洪州知州，在任上正遇洪州瘟疫流行。他迅速采取措施，下令各县衙门，储备医药，及时送给病人；救济贫民，减少民间疾苦，有效地控制了瘟疫。

曾巩是江西南丰人，自小听着许逊的传奇故事长大，知道江西人尊许逊为福主。曾巩在洪州任上支持重修旌阳

王安石塑像

许真君塑像

祠（今南昌铁柱万寿宫），为了扩大影响，邀请好友王安石为“旌阳祠”作文纪念。王安石也是江西人，对许真君非常熟悉。其时王安石变法遭受挫折，正在总结经验教训，认为变法之所以不能成功，关键在于没有一个好的官员队伍，正好可以借此文阐述一个好官应该如何做的看法，于是欣然答应了。

王安石撰写《旌阳祠记》主要考虑三个方面的问题：

首先，好人不见得是一个好官员。苏轼是王安石的部下，比王安石小 16 岁，是一个很有才气的正直官员。但王安石认为他不是一个好官员，需要帮助提高认识，因为在政治上他反对王安石的变法，并写诗讥讽新法，如苏轼的《山村》诗，有两句：“岂是闻韶忘解味，迩来三月食无盐！”这是讽刺王安石的“均输法”，认为食盐由政府统一经营，山民连盐都吃不上了。在学术上，苏轼主观自负。一天，王安石请苏东坡来谈事，王安石临时有事出去了。苏东坡见王安石书桌上有一首《咏菊》诗稿，才写两句：

“西风昨夜过园林，吹落黄花满地金。”苏东坡心想：“西风”不就是秋风吗？“黄花”不就是菊花吗？菊花耐寒、经霜不凋，怎么会被秋风吹落呢？王安石说西风“吹落黄花满地金”，这显然是错误的。于是脑门一热，也不管上级不上级、前辈不前辈，提笔续两句：“秋花不比春花落，说与诗人仔细吟。”王安石回来，见了苏轼续的两句诗，发现苏轼主观性强，不知换位思考问题。为了帮助苏轼提高认识，他把苏轼贬去黄州任团练副使。苏轼在黄州近一年，在农历九月重阳节这一天，西风刚停，苏轼就外出赏菊，只见菊花纷纷落瓣，就像黄金一样铺满大地，此时他猛然想起为王安石《咏菊》续诗的往事，忽然大悟，原来宰相是在教育他。

其次，好官一定要忠君爱国、依法行政、近贤远奸、爱民如子。王安石认为许逊就是一个好官，他在旌阳做县令时，瘟疫流行，就用竹子装药放在水中，让患者免费饮用，结果使病者痊愈，远近各县之民皆来投奔；灾民因缴不上税而被监禁，许逊把自己的黄金散藏在菜地里，然后让囚犯来此锄地劳动，黄金挖出，就归他们所有，然后用黄金抵税，从而使灾民解除监禁；许逊还在豫章斩蛇除蛟，兴修水利，使豫章成为鱼米之乡。王安石号召官员应该像许逊那样，爱民如子，为国家分忧。

再次，好官世代享受老百姓祭祀，历代政府也应以他们为榜样。王安石认为：“许逊有功德于世，洪州人民祭祀他，既虔诚又持久。”不光老百姓把他当作神来祭祀，官府、知识阶层也应该每年纪念他。王安石说，曾巩任洪

尚存的铁柱锁蛟井

州知州时，慷慨地为许逊兴建新祠，并且邀我作“记”。曾巩是儒生，不信道教；他重修旌阳祠，只是为了纪念许旌阳，为了让更多的官员向他学习。王安石进一步强调说，我们现在一些官员，既没有以忠孝为准则，又没有为民办实事，白白地败坏了父母官的名声。现借《旌阳祠记》撰写之机，告诉大家，做官就要像许逊那样，做一个世代享受百姓祭祀的好官。

南昌旌阳祠，就是现在的铁柱万寿宫，坐落在南昌市中心中山路与胜利路交叉的路口边，目前维修一新，里面的铁柱锁蛟井等文物尚有保存。

刘綎青铜塑像

大义出征的刘綎

刘綎（1559—1619），明代著名爱国将军。13岁从军，直至战死沙场，天启皇帝封他为太子少保，下令在南昌给他修建祠堂。

刘綎勇武过人，身先士卒。刘綎之父刘显，是从南昌西山梅岭镇店前村走出去的青年，最后成为与戚继光齐名的抗倭将军。嘉靖三十八年（1559），刘綎出生在他父亲的兵营里，自小痛恨外国侵略者。13 岁跟随其父从军，接受了严格的军事训练，力大无比，武艺高强。刘綎从军几十年，既深谙阵法，又勇气过人。据《明季北略》记载：

去吾乡六里有悟空寺，清初，寺有老僧，自言少年时尝为刘綎小卒。刘善舞刀，故世号刘大刀。每战还营，以力竭，即仰卧椅中，血染甲，手握刀不解，为血所凝，渍于汤中，久之乃解。此僧亲侍，故见之。

人们称刘綎为常胜将军，这个称号，实在来之不易。

刘綎谋略过人，精于计算战事。他用诸葛亮攻心战术稳定了边疆。据徐世溥《榆溪逸稿·刘少保外传》记载：

先是，宰猓诸寨洞虽克捷，然土蛮时出掠。三五为群梗路，蜀人患之。将军（刘綎）曰："此不足以烦大兵。兵出即散，兵还复出，何可胜捕？独当以神道威之耳。"他日哨骑捕得二行劫獠，释不杀。各予一矛，曰："封汝官，此土有出掠者辄逐之。人且祀汝，遂跂坑之。"是后，苗猓出掠，果有二持矛者常出追刺，行旅遂通。故虽蜀士大夫亦曰"刘省吾（省吾，刘綎的字）有异术，能役人为鬼神，役鬼物为兵"，以此也。

可见刘綎成功地用归心的苗人维护地方治安，避免了战争，减少了屠杀。刘綎还能娴熟地运用分化战术瓦解敌人。《明史·刘綎传》载：

綎复率兵进缅，缅将先遁，留少兵陇川。綎攻之，凤子曩乌亦降。綎乃携凤父子往攻蛮莫，乘胜掩击。贼窘，缚缅人及象马来献，蛮莫平。遂招抚孟养贼，贼将乘象走，追获之。复移师围孟琏，生擒其魁。

由此可见，刘綎不是一味地蛮攻，而是充分利用投降战俘，去分化敌军，然后乘胜进攻。对于犹豫不决的敌人，采用攻心战术，只要他们放下武器，有立功表现，都可以宽大处理，将他们招安，将顽固分子进行彻底打击，直至将他们消灭，使缅甸入侵者不敢染指中国边疆。

刘綎是一个崇尚武力保家卫国的将军。刘綎精通冷兵器，重视西方火器，擅长骑射，能在马上挥舞120斤重的钢刀，还掌握了一门独家暗器——袖箭，能够百发百中。在多次危境中他都能化险为夷。然而刘綎并不满足冷兵器，他还瞄准了当时最新式武器——火器。徐世溥《榆溪逸稿·刘少保外传》记载：

哒哴吧叽，琉球木工也，雨中发炮，引不沾灭，铅弹着人无声，烟到而马仆，重金募之，使主击将大炮。

琉球国当时是中国的属国，与西方人接触比较早。哒哴吧叽掌握了发炮技术，刘綎不惜重金，把他延揽到自己门下，然后又不惜重金从澳门购置了大批西方大炮、火枪，组建了大炮队和火枪队，让他负责训练士兵放炮和放枪。在作战时，啮喰吧叽作为主攻手，发炮命中率奇高，为刘𬘩军队在朝鲜击败倭寇创造了条件。最初，刘𬘩在朝鲜的军队只有五千人，以四川人为主，是大明援朝军队中人数最少的一支，既不如李如松的辽东铁骑行动快捷，也不如吴惟忠的戚家军纪律严明，可是在战斗力上却不弱于以上两支军队，甚至是倭寇最害怕的军队。原因就在于刘𬘩组建了一支在当时战斗力十分强悍的军队——车军，创造了一种阵法——车阵法。所谓车军，就是一支混合部队，既有步兵、骑兵，又有大车兵；既有冷兵器，又有大炮、火枪。所谓车阵法，就是每次作战，骑兵先行，步兵和车兵推着大车前行，遇见倭寇，立即将大车围成圆圈，组成车阵。大炮和火枪兵则以此为屏障，对敌发动射击，打残敌人的阵营；待敌军乱后，便发动骑兵冲锋，击垮敌阵，最后步兵出击，打扫战场。这种阵法，古今未有，属刘𬘩独创，是建立在新式武器运用基础上的阵法，守能保存自己，攻可摧毁倭军。凭借这支部队，刘𬘩在朝鲜赢得了抗击倭寇的胜利。

刘𬘩大义出征。1619 年，刘𬘩接到朝廷让他出征东北的圣旨，在家里做了周密的准备，家里人担心他凶多吉少。刘𬘩最疼爱的小妹，平时总让她几分。她自作主张，用蒙汗药把刘𬘩麻醉，使刘𬘩在家里昏睡了三天三夜，对外只说刘𬘩得了重病，昏迷不醒，不能远行，结果耽误了朝廷派来接送刘𬘩的官船。三天后刘𬘩醒来，知道耽误了官船，了解到是他小妹所为，十分生气，一怒之下，把小妹给杀了，并严厉告诫家人：“因私误国，杀无赦！”然后重新整理行装，自雇船只北上应征。村民敬重刘綎大义灭亲、一心报国的行为，同时又怜悯他妹妹死于非命，为了让刘綎安心奔赴前线，于是乡民凑钱将刘綎妹妹安葬。

明军与清军决战萨尔浒。明军所采取的战略是分进合击战略，即将军队分为五路，分别进剿；清军所采取的是集中优势兵力各个击破的战略。从战略上来看，明军就已经输了，因为明军每一路军都打不过清军，清军可以一个一个地歼灭明军。从双方统帅思想来看，明军的总指挥杨镐私心杂念太重，不是为了战役的胜利制定战略，而是为了应付朝廷，平衡关系，满足自己的私利制定战略；努尔哈赤是一个尚未暴露的军事能力极强的总指挥，一切为了战役的胜利，将自己的兄弟、儿子和嫡系全部派到重要岗位，凡有人怠慢杀无赦。明军作战的天时、地利、人和无一到位，清军则无一不到位。从战略决战结果来看，明军中两位最能打仗的将军杜松和刘綎，一天之中全部战死，清军获得大胜，从此清军转守为攻，明朝转攻为守，直至灭亡。

刘綎在最后关头不失英雄本色。直到今天，我们阅读《明史·刘綎传》的时候，也会被刘綎最后的悲壮行为而感动。据陈弘绪《江城名迹记·都督第》记载：

东事亟，从田间起用。时经略（总指挥）杨镐素不相协，公（前线一路指挥刘綎）率健儿驰驱数千里而来，甫解鞍，镐即麾之前进。不得已，与都督杜松分道疾驱，连破数寨。

养子刘昭孙曰："孤军深入，而援兵糗粮无一至，奈何？"公曰："汝视杨经略岂复肯整遗我辈耶？报主致命，得其所矣。"军次清风山，力战而死。

杨镐是一个没有大局意识的人，是一个有权不用过期作废，乘机给刘綎小鞋穿的人。又据徐世溥《榆溪逸稿·刘少保外传》记载：

将军(刘綎)既待川兵不至，经略杨镐促五将军五路出师，三甲皆留宽奠堡。建州兵遮杀杜将军松，以其旗帜诡我师。将军便衣赤手出迎，独与招孙、乙支阿答等数十人徒手格战。杀千余人，骑皆辟易。成巷突围数重。围厚，不能出。南刘北杜，一日而殒。

战后，万历皇帝也看出了萨尔浒战役失败的主要责任在杨镐，所以对杨镐予以重惩，给刘綎、杜松家属予以厚恤。

刘綎在南昌留下了三处遗迹：

一是将军渡，因刘綎而得名，在南昌海关附近的抚河岸边。据《续表忠记》记载：

刘綎家居，常乘画舫将之旁郡。岸上有少林僧自矜拳勇，索敌无偶。綎船尾一老妪呼僧曰："吾船上第七娘子来。"忽少妇帕首袴褶，面微紫，年可十八九，登岸，与僧周旋者三。僧舒左臂从后高举少妇，聚观者大噪。妇曰："少下。"僧如其言。妇曰："再少下。"语未毕，忽旋身以

旧貌变新颜的将军渡

足尖蹴僧喉，仆地几死。少妇神色不动。綎在船中凭几大笑，放船去。有识者咋舌曰："此南昌刘大刀也。门下多蓄异人，秃鹜乃敢捋虎须耶。"

这个少林和尚在刘綎必经码头卖艺，意在让刘綎欣赏自己的武艺，从而加入刘綎的门人行列，可惜武艺不精，被刘綎手下的一个小姑娘打败，没有被刘綎看上。据陈弘绪的《江城名迹记》记载，大将军刘公綎的故宅在进贤门内。刘綎出行有一定规模的派头，码头上的人都认识。南昌人常说："敢在太岁头上动土，不看看这是谁家的码头。"这个码头就是现今南昌的将军渡。

二是将军庙，原址在南昌市东湖区百花洲小学内。据《明史·刘綎传》记载：“天启初，赠少保，世荫指挥佥事，立祠曰‘表忠’。”

刘将军府残墙上的砖

“公孤”是明朝政府最高级别的荣誉官职，只有皇帝特别宠信和恩爱的高官才可以享有。“公”即三公：太师、太傅和太保；“孤”即三孤：少师、少傅和少保。三公为正一品，三孤为从一品。公孤无定员、无专授，是皇帝对大臣的赐官。公孤的授予，只有皇帝青睐的六部尚书才可能获得，可见公孤名誉高于六部尚书。刘綎是一个地方将军，皇帝的面都没有见过，他能够获得天启皇帝封的“少保”殊荣，完全是因为他名震海内外的英勇善战、战死疆场的悲壮事迹，当之无愧。天启初，江西官府为刘綎修建的“表忠”祠，后来被老百姓称为刘将军庙，简称“将军庙”。经历了三百多年的历史演变，该庙早已不复存在，但将军庙这个地名却一直在民间保存。凡为中华民族做过重大贡献的人，老百姓都会世代记住他。

三是将军府，在南昌新建区梅岭镇店前庙泉村。刘綎多次被撤职还乡，然而愿意追随他还乡的部下，常有数百人之多，他们要吃住，还要每天进行军事训练，必须要有一个既相对隐蔽、远离民居的地方，又要有开阔场地，便于训练，于是刘綎选择了西山梅岭镇山区建造府邸和训练场地。这里既便于隐蔽，又能得到族人支持；既便于开展训练，又不影响族人的正常生产生活。庙泉村是在刘綎府邸周围逐渐兴起的村庄，至今该村还留有一堵明代万历年间刘綎将军府残墙，上面的砖侧面刻印着“刘府砖”“万历庚戌孟冬月造”和“万历辛亥春造”字样。庙泉村后山上还有刘綎衣冠冢，据《补江城名迹记》卷二记载，“将军刘綎墓，在上双港阳山湫”。“上双港”就是指庙前村前流淌的溪水，它一直流向双港溪。“阳山”是指面向南面的山，“湫”是指湍急的水流，“阳山湫”就是指庙泉村后山的南麓。刘綎战死在萨尔浒，这里埋葬的只是刘綎用过的旧衣冠，至今保存基本完好。

三、著述千古

朱思本与《舆地图》

朱思本，是道士中的杰出地理学家。

朱思本画像

朱思本生于南宋咸淳九年（1273），字本初，号贞一，祖籍江西临川，其祖父曾任南宋淮阴县令，元朝建立后，决心不做蒙古人的奴臣，隐居南昌西山做道士。朱思本自幼聪慧，跟随祖父和父亲，熟读经史。由于家在临川、南昌等地之间迁徙，他在颠沛流离中，养成了观察地理的爱好，仰慕司马迁，有周游天下的理想。

朱思本受家庭影响，坚决不做蒙古人的奴臣。至元二十三年（1286），13 周岁的朱思本在龙虎山正式出家当道士。在江西做道士，有一个基本功必须学会，这就是使用罗盘测风水。凡是道士必备罗盘，走江湖时必须带着，这是赚饭吃的工具。宋元时期在湖南一带看风水的多是江西籍道士，没有罗盘的道士，没人请他看风水。罗盘是新的，也没人请。只有带老的罗盘江西籍道士才有人请，时称罗盘为“表”，而不是称指南针；开始称江西道士为“老表”，后泛称江西人为“老表”。绝大部分道士学会了罗盘测风水，就只管用，不问其中原理。

朱思本不光学会了使用罗盘，还千方百计弄懂其中奥妙，不懂的地方就追着师傅问，有打破砂锅问到底的精神，直到师傅回答不了为止。在无法请教的情况下，朱思本只好一边仔细阅读前人留下来的文献，一边反复实践，终于发现了罗盘的功能。罗盘不仅可以测风水，还可以测地名、大山、江河等的地理方位，如果利用天上的星宿定位的话，能够更加准确地测量地理方位，这为他研究地理学，奠定了基础。

不入虎穴，焉得虎子。由于朱思本有着良好的文化功底以及聪慧的悟性，很快就在龙虎山道士中出类拔萃。大德三年（1299），朱思本被元朝“玄教宗师”张留孙选中，去大都（大都，即元朝的京城）做道务工作。对于想获取钱财的道士来说，这是千载难逢的好机会；对于想成名的道士来说，这也是出头露脸的时候，岂可不去。可是，对于一心向道、不求名利的朱思本来说，他却在犹豫。当时朱思本作了《发山中》这首诗，以表达他的矛盾心理：

彀旦发名山，驾言趋上京。

车马如云集，把酒送我行。
须臾陟东岭，回盼仙人城。
晚圃秋正浓，露华缀金英。
胡为舍此去？乃与尘俗萦。
人生有行役，岂必皆蝇营？
威凤高其翔，千载相和鸣。
勿作儿女别，慨慷舒长缨。

诗中写道：在龙虎山学道的时候，突然接到上级指示，要去京城工作。车马都准备好了，可我真有一些舍不得离开。这一去就要与尘俗打交道，为什么要离开这个神仙居住的地方呢？人生各有志，为什么一定要去做蝇营狗苟的事情呢？最后朱思本含蓄地表达了自己的志向：不为名利，只为理想，即使是虎穴龙潭，也要去探一探。

守道以约，不违初心。朱思本入京之后，根据他的观察，发现张留孙等大师有着光鲜的外表，其实，其内心是战战兢兢的，随时需要满足皇室要求，有些宗教要求可以用道法、道术来满足，有些迷信要求是无法满足的，这就要用高度的智慧来周旋；稍有不慎，就有杀头灭族的危险。可以说张留孙既熟悉道教业务，又能随机应变；既聪明，又是侥幸之人。朱思本既不愿过刀上舔血的生活，也不愿做为虎作伥的事情。他把这种想法向张留孙师傅表白了，张问他有什么愿望，于是朱思本把自己热爱地理研究，有意撰写一本天下地图册的想法和盘托出。张是一位知人善任的长者，知道人各有志、顺势而为的道理。其弟子众多，希望他们各有所成，于是有意成全朱思本。当接到代皇帝祠祀五岳四渎、名山大川的任务时，或接到“驿传皇命教旨”，需要奔走各地宫观时，就派朱思本前往。

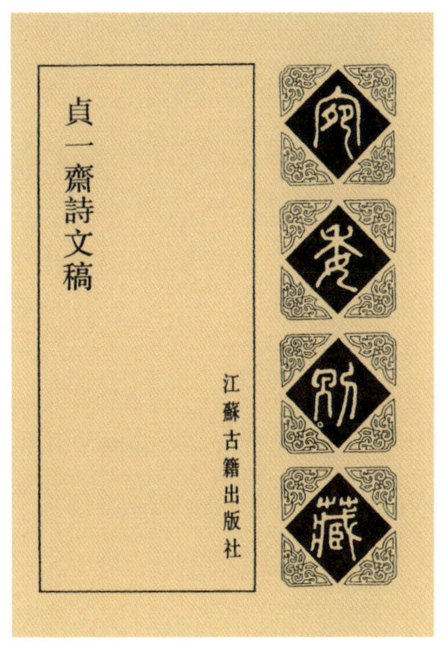

朱思本著作

立志研究，编纂天下地图册。从至大四年（1311）开始，朱思本把主要精力用在研究、撰写《舆地图》的工作上，长达 10 年之久。朱思本的地理研究工作，有五大特色：一是注重实地观察和田野调查，“使于四方”，“讯遗黎，寻故迹，考郡邑之因革”；二是强调地理文献知识与实地调查相结合的研究方法，“参考古今，量校远近”；三是科学规范和严谨的学术态度，“言之者既不能详，详者又未可信，故于斯类，姑用阙如”；四是在地图绘制思想方法上，继承了中国传统的“计里画方”思想，并巧妙地运用“随地为图，乃合而为一”的全国性地图绘制方

天下地图——《舆地图》

法；五是在地图图例方面，首创简捷明了系统的几何符号标示法。从工作角度看，朱思本投入了全部精力，以性命相搏。当《舆地图》完成时，他已经是身心俱疲。

天下地图——《舆地图》，是元明两朝地图的祖本。朱思本的《舆地图》在 14 世纪刊刻，以元朝控制的范围为主，以国外为辅，其绘制精度远超前人，其绘编的范围之大更是前所未有。非洲大陆在《舆地图》中被绘成一个向南伸展的三角形，而欧洲人直到 15 世纪初还对非洲大陆走向模糊不清。英国李约瑟在《中国科学技术史》中，称赞朱思本所绘制的地图，是一项“杰出成就”。

朱思本晚年返回南昌，隐居于西山万寿宫修道。《舆地图》绘制出来后，刻印量很少，民间几乎见不着，当然就更谈不上对社会经济、文化产生进步作用。在朱思本眼里，《舆地图》只对蒙古贵族和大员争权夺利、攻城略地有帮助，于是他心灰意冷。本来从宗教世界里走出来的他，又义无反顾地返回到宗教世界里去了。这不仅是朱思本的悲哀，也是封建大一统专制统治的罪恶。

19 世纪奥地利的孟德尔是一位传教士，他对遗传学感兴趣，于是花费 8 年时间实验，终于发现了遗传学分离规律和自由组合规律，却不被当时人们理解，他只有继续做他的传教士。43 年后，他的发现被荷兰的德弗里斯、德国的科伦斯几乎同时“重新发现”，后来人们公认孟德尔是现代遗传学之父。

尽管朱思本与孟德尔两人都是宗教人士，两个人的命运几乎相似，但他们的成果被淹没的程度是不同的，孟德尔的研究成果几十年后就被人们认识，并给以崇高的地位；朱思本的研究成果 700 多年后才被李约瑟认识，今天我们应该给朱思本应有的地位了。

汪大渊与《岛夷志略》

汪大渊画像

汪大渊（1311—？），字焕章，江西南昌人，生于元朝至大四年（1311），元末动乱，不知所终。他既是元代从事远洋贸易的商人，又是海外探险旅行家，被西方学者称为“东方的马可·波罗”。

汪大渊曾先后两次下西洋，第一次，自 1330 年冬至 1334 年夏秋间返回中国，历时 5 年；第二次，自 1337 年冬至 1339 年夏秋间返回中国，历时 3 年，航行范围以南海、印度洋为主，足迹达到了东南亚、波斯湾、阿拉伯半岛和东非等地。在至正九年（1349）他把在海外所见所闻的日记，整理编辑成《岛夷志略》一书。

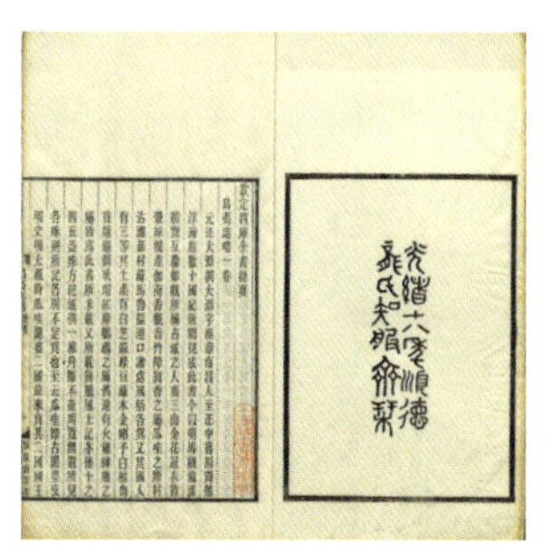

《岛夷志略》清光绪年间刻本

汪大渊是冒着生命危险，出海闯荡的年轻人。第一次出海只有 19 岁，第二次出海也只有 26 岁。当时的航海设备十分简陋，除了简易罗盘以外，没有其他航海设备，每一次出海都面临着有去无回的考验。不少船老板的继承人是捡来的孤儿，让他们做干儿子，带领他们出海做水手，命大的、能力强的就成为自己的继承人；而亲生儿子则舍不得让他们出海，养在家里。汪大渊为了考察海外情况，甘冒生命危险，与水手们共患难，经受了一般人难以想象的苦难。据记载，水手们听鸟声判断方位，听不到鸟声，说明离陆地很远；听见单调的海鸥声，说明离大陆不远了；听见多种鸟叫声，说明离陆地很近了。自制捞泥筒，用它测量海水深度，即在绳索的一头挂着一个很重的铁筒，放入海底，50 米能挖着泥上来，根据泥土的颜色，凭经验大概就知道所在的地理位置；如果 200 米还达不到底，说明离陆地还很远。可见，尽管航海设备简陋，但是中国水手仍能凭借智慧，驾驶着当时世界上航行最远的海船，他们比哥伦布远航要早 150 年。

汪大渊是在陶瓷之路上行走最远的人。汪大渊从陶瓷之路源头——江西景德镇购买青花瓷器，然后乘船沿着昌江顺流而下，进入饶河，再经过鄱阳湖进入赣江，在南昌小住，告别父母。船行至赣江中游吉州窑再购买一些黑瓷，在赣江上游赣州七里镇窑再次购买一些廉价的粗瓷。然后船东拐进入贡江，通过石城，抵达琴江上游卸货，再请挑夫担着货物走几十里山路，进入福建省，在沙溪上游装船，然后顺流而下，进入闽江，直达海口，转抵泉州港。泉州是当时中国最大的对外贸易港，在此，视财力状况再购买一些龙泉瓷和福建本地粗瓷等其他货物，待机远航。这是汪大渊在国内行走的线路。出海后的路线，据《岛夷志略》介绍，先后去了亚、非、澳三大洲，220 多个国家与地区。

东到达了台湾、澎湖岛，汪大渊记载了当时台湾属澎湖、澎湖属泉州晋江县管辖，盐课、税收上缴给晋江县，反映台湾、澎湖元代就是我国神圣的领土。

南到达了澳大利亚，汪大渊记载了“罗娑斯”有红得像火焰一样的“石楠树”，“麻那里”附近“有蚝如山立”。据现代学者考证，《岛夷志略》书中的“罗娑斯”就是现在的澳大利亚，“麻那里”就是达尔文港一带海岸。

西到达了东非沿海和阿拉伯世界沿岸，记载了沿海华人情况，真腊国（今柬埔寨）有唐人；渤泥（今加里曼丹岛上坤甸）“尤敬爱唐人”；龙牙门（今新加坡）“男女兼中国人居之”；古里地闷（今帝汶岛）有泉州吴姓商人居住；勾栏山（今格兰岛）有元朝出征爪哇部队遗留官兵居住；沙里八丹（今印度东岸的讷加帕塔姆）有1267年建的中国式砖塔，塔上刻着“咸淳三年八月华工”汉字；马鲁涧（今伊朗西北部的马腊格）酋长，是一位中国临漳姓陈的人。其实在唐代陶瓷之路就已经通航了，就在汪大渊前往阿拉伯海的时候遇见了一艘从东非返回的中国商船，可见元代陶瓷之路是畅通的。

汪大渊是一个小本经营成功的江右商。汪大渊生在洪州一个小商人家庭，按照商人传统，男孩子粗通文墨，十五六岁就要脱离家庭，或者学手艺，或者经商闯荡。汪大渊自小经历了很多磨难，对商业经营非常内行。尽管只有19岁，却已经在商海里摸爬滚打四五年了，知道不少经商规律。汪大渊与人合伙租用海船仓位装货，从事远洋贸易，这在当时是风险大、盈利多的小本经营，足见其胆识过人。根据《岛夷志略》的记载，他出海携带的瓷器种类众多，既有当时创新的贵重品种——青花瓷，又有廉价的粗瓷；既有厚重耐用的龙泉瓷，又有轻薄华美的青白瓷；既有黑瓷，又有土珠，应有尽有。在做贸易时，针对不同的对象，采用不同的交易方式，如在阿拉伯贸易，用青花瓷与阿拉伯人交换无名异、象牙、烧酒、宝珠等，这些东西是当地出产的，比较便宜，特别值得一提的是“无名异”，也就是钴料，当地人用它来绘制陶器。阿拉伯地区钴料量大质优，而且容易挖到，因此售卖便宜；在中国它比黄金还贵，是绘制青花瓷的高档颜料。汪大渊用青花瓷将“无名异”大量换回，仅凭这一项就可获大利。在东南亚贸易时，用乌瓷、粗瓷与当地土著交换香料、象牙、珊瑚等。1339 年王大渊在第二次返航回国后，就已经发达了，他在南昌城百花洲湖心岛修建了一座豪宅，里面陈设着海外购回的名贵珊瑚、宝石和象牙等物，说明他已经功成名就了。

汪大渊是元代青史留名的儒商。他不是最早从事远洋贸易的商人，因为早在唐代中国就已有远航阿拉伯的商人；也不是最大的远洋贸易商人，因为元代有的大商人一家就拥有数艘海舶；也不是最早记载海外贸易的人，因为宋代赵汝适撰写的《诸蕃志》，就已描写了海外贸易、海上交通等情况，但赵汝适没有亲自参与海外航行，所写内容要么是从市舶司人员口中听来的，要么是自己想象的，多所讹误，甚至荒诞不经。汪大渊无论在海外航行，还是做贸易，他都要每天做笔记，所记内容“皆亲所游历，耳目所亲见”，从不虚构。在他的笔记里，记述了 220 多个国家和地区的山川险要、地域疆土、特色物产、民俗风情以及中土货物与外国货物交易的情况。他的《岛夷志略》，为后世提供了一份翔实可靠的历史地理资料。汪大渊记载了中国与陶瓷之路沿岸国家的平等互利贸易情况。在 14 世纪初期，世界的富裕中心有两个，一个是中国，一个是阿拉伯世界。中国商人将青花瓷器等商品销往阿拉伯世界，然后从阿拉伯购回“无名异”等原料和商品，正因为是平等贸易，达到了双赢，使中国与阿拉伯世界的贸易长期保持。汪大渊记载了中国与西洋各国海上交通轨道，为郑和下西洋指明了方向。明朝永乐年间，随郑和七下西洋的文书马欢证实说：“随其（郑和）所至……历涉诸邦……目击而身履之，然后知《岛夷志》所著者不诬。”实际上，郑和下西洋，就是沿着汪大渊当年航行的轨迹航行的。

今天我们读汪大渊的《岛夷志略》，会发现一个十分有趣的现象，《岛夷志略》是用南昌方言撰写的，里面的“黑瓷”他写成“乌瓷”，“黑布”写成“青布”，“水罐”写成“水坛”等，像这样的南昌方言，在书中随处可见。

四、书画达人

简笔水墨画大师牛石慧

牛石慧是明末清初江西画坛一位神秘人物，没有人知道他的生死时间，只知道他的水墨画是简笔画，与八大山人的画风十分相近。

目前有两种猜测：一是认为牛石慧就是八大山人，牛石慧只是八大山人的一个别名而已；二是认为牛石慧是八大山人的弟弟。以上两种观点都有一定的道理，但都缺乏依据。笔者认为牛石慧是八大山人的绘画老师。理由如下：

首先，牛石慧与八大山人同时在奉新县做和尚。牛石慧在牛石庵里做和尚，而且是方丈。因为牛石庵遗址不到80平方米，可见这是一个不大的僧庵，只能容下一个师傅几个徒弟而已。明末清初在深山里修道的人，都是逃避清政府追杀的明逸民。当年牛石慧写了一首草书诗：

《荷鸟图》朱耷 / 清代

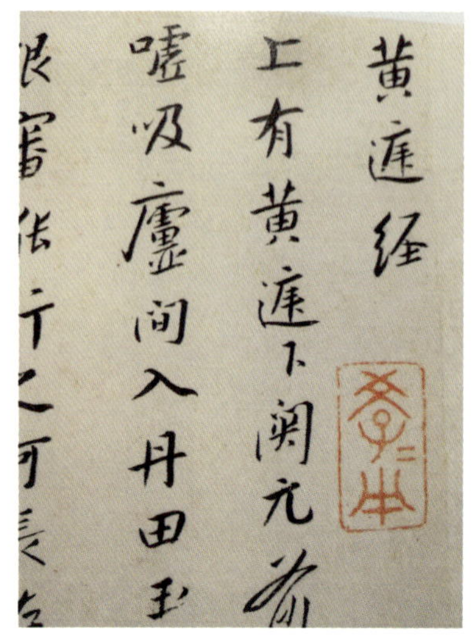

八大山人的“学学半”闲章

登山深涉去，须看丘壑美。
莫学武陵人，暂隐桃园里。

该诗轴现藏江西省博物馆，诗的大意说：我隐藏到深山里去，随时能欣赏到丘壑的美景。可是我不学陶渊明笔下那个武陵人，沉迷在山野风光里。桃花源只是暂时隐居的地方，时机一到我就会立即出山。这首诗是写给南昌一位姓宁的人收藏的，可见在深山里修道的牛石慧具有广泛的社会联系。其实这首诗不是牛石慧的原创，而是根据唐代裴迪的《送崔九》诗修改而来的。“归山深浅去，须尽丘壑美。莫学武陵人，暂游桃源里。”显然在内容上牛石慧没有创新，只是借旧诗表意而已。无独有偶，此时的八大山人也跟随师父弘敏在奉新耕香院做和尚，与牛石庵相距不到 20 里，而且弘敏与牛石慧是好朋友，可见此时八大山人与牛石慧有交往。

其次，“牛石慧”号早于“八大山人”号至少 20 年。明末清初，牛石庵就已经建立了，“牛石慧”这个号就开始用了。目前可见的有“释牛石慧”“牛石”“牛石慧”等印章，说明牛石慧自认为牛石是连在一起的词，慧是单独的词，显然是借用了“牛石庵”的名作为自己名号。此时在奉新活动的八大山人所用的名号是“个山”“刃庵”“耕香”，而“八大山人”名号是在 1684 年之后才开始出现的，可见牛石慧的名号要比八大山人名号至少早 20 年。清末民初开始，有人从牛石慧与八大山人草书签名来分析，认为牛石慧签名有“生不拜君”之意，八大山人签名有“哭之笑之”之意，都是典型的反清复明的遗民思维，两者有相互影响关系。今天我们知道了“牛石慧”号早于“八大山人”号，就应该明白不是“八大山人”号影响“牛石慧”号，而是“牛石慧”号影响“八大山人”号。

再次，牛石慧教画，八大山人学画。牛石慧常使用“半山”“教”闲章。现藏江西省博物馆的牛石慧草书上，起首第一方印就是“半山”，还有一方篆体阳文闲章，以前学者都解读为“三学”，其实这个解读不准确，正确解读应该是“教”。左边上面是两个“××”下面是“子”字，应该是“教”字的左边部分；右边是三横，但与右边线连在一起，应该是借用边线的“反文”偏旁。两部分合起来，应该是“教”字，而不应该是两个字——“三学”。这个闲章显得非常不客气，甚至有些自傲。但就当时奉新绘画水平来说，牛石慧大大高于他人。为了避免非议，牛石慧在闲章上做了一点隐藏，不让圈外人看出来。所以篆体“教”字，做了变性、省略，一般人认为是“三学”闲章，但是圈内人还是知道的，如此一来，就满足了牛石慧孤傲的心理。八大山人在书画上使用过“学学半”的闲章，只是这个闲章没有被学术界重视，以前的人没有弄清楚牛石慧的身份，总认为牛石慧比八大山人小，不会想到八大山人是向牛石慧学习绘画。现在我们知道了牛石慧年龄比八大山人大很多，“半山”是牛石慧的闲章，“学学半”字面意思就是指向“半山”学习。结合牛石慧“教”的闲章，综合来看，八大山人承认牛石慧是自己的绘画师傅。

最后，两人画风有传承关系。八大山人与牛石慧的画作相近、相似，这是画界公认的事实。两人同在奉新、南昌，却找不到直接交往的文献，说明在八大山人笔名使用的时候，牛石慧早已不在人世了，但绘画风格却传承了下来。

两人绘画细节惊人的相同，鸡与鸟的脚趾大多两趾，与真实鸡鸟趾相比较，减少了一个趾，这是以前画家不曾有过的大胆简笔尝试。这样的尝试是成功的，说明两者绘画思想是一致的。如果不看落款，仅看画作，牛石慧的画很容易被误认为是八大山人所绘。

两人的画作都是简笔写意画。对所绘对象特别准确，笔画简化得不能再简了，而所画对象神态却毕肖毕现。尽管两人在层次上有所不同，如八大山人的画水平更胜一筹，数量种类也更多，但是两人的绘画风格是一致的。

两人绘画对象基本相同，两人都没有迎合清朝权贵的画作。牛石慧画作比较少，仅有雄鸡图、黑猫、花鸟和竹石图等，这些东西也是八大山人热衷绘画的对象。

如果要欣赏牛石慧绘画精品，不妨去南昌八大山人纪念馆、江西省博物馆，这里收藏了存世量不多的牛石慧书画作品；如果要考察牛石庵的话，可以去奉新县甘坊乡上村附近的后山，那里还保留着牛石庵完整的遗址。

水墨画大师八大山人

八大山人（1626—1705）是我国明末清初的杰出画家，1985 年被联合国教科文组织命名为中国古代十人文化名人之一。

八大山人属明藩王宁献王朱权后裔，1626 年出生于南昌。其祖父朱瀑泉，号贞吉，弋阳郡王支脉，封奉国将军，擅长书画。其父朱谋觐，是个哑巴，也擅长绘画。八大山人自幼受到良好私塾教育，8 岁能作诗，11 岁能悬腕写米家小楷，并开始涉猎绘画和篆刻。17 岁以普通老百姓身份，取名朱耷，参加南昌科举考试，获秀才

八大山人画像

资格。1644 年甲申之变后，八大山人的活动轨迹不清楚，只知道他曾剃发为僧，先后在进贤、奉新、宜丰、南昌等地待过。关于八大山人与朱道朗的关系，目前学术界有两种截然相反的意见，一种认为两者是一个人；还有一种意见认为两者是完全不相同的两个人。本文赞成八大山人与朱道朗是一个人，主要理由如下：

首先，一是八大山人与朱道朗同一年出生。八大山人在《个山小像》上自题："甲寅（1674）蒲节后二日，遇老友黄安平，为余写此。时年四十有九。"南昌人传统计岁法是出生即一岁，49 岁实际上就是 48 周岁，往前推 48 年，即 1626 年就是八大山人出生年。李德严是净明派道士，

八大山人纪念馆

是马道长和朱道朗的徒弟，他在《青云说》中明确指出朱道朗在甲子年，即 1684 年在青云谱举办花甲大寿。所谓花甲大寿，就是 60 大寿；同样 60 岁是虚岁，即 59 周岁，按照传统习惯过寿要提前一年办，实际上往前推 58 年，即 1626 年。由此可知八大山人与朱道朗都是在 1626 年出生。

其次，八大山人与朱道朗都是在南昌出生的明代宁王朱权后嗣。八大山人说自己是弋阳王孙，僧友饶宇朴说他是豫章王贞吉之孙，可见八大山人是朱权后嗣。世居南昌的黎元宽说："良月父痴仙，痴仙尚友徐苏暨梅公三先生，日啜其清流。予复以邻，友良月于贵时。""良月"是朱道朗的字，可见朱道朗在南昌出生长大。"痴仙"能够崇尚徐孺子、苏翁和梅福三位古代贤人，说明其父不傻，只是不会说话，与八大山人的父亲一样都是哑巴。朱杰是朱权的后嗣，他捐资重刻朱权的《篮吉肘后经》，朱道朗为他作序，亲切地称朱杰为本家，说明朱道朗也承认自己是朱权的后嗣。

再次，八大山人与朱道朗都在西山洪崖隐居，躲避清军追杀。八大山人《题芋》写道："洪崖老夫煨榾柮，拨尽寒灰手加额。是谁敲破雪中门，愿举蹲鸱以奉客。"可见八大山人自称"洪崖老夫"，为躲避清军，隐居在洪崖，生活十分艰苦。黎元宽在《青云谱志略序》中说：朱良月1661 年从洪崖来到青云谱创建道院，可见也是在躲清军追杀，在洪崖隐居。

八大山人是一个非常有气节的画家，他在 80 岁的自画像中题词："行年八十，守道以约。"这句话可以说是对他自己一生的总结，意思是说，我活了 80 岁，一直遵守着当初的约定。这个约定有三个方面的含义：

其一，不为清朝权贵服务。

对于清朝权贵之人，八大山人藐视他们；对于细民百姓，则尽其所能给予帮助。八大山人晚年生活来源主要依靠卖画度日。但他卖画的标准令权贵看不懂，如一般贫民购画，他取值甚廉；大商人买画，则"以草草之笔付之"；"然贵显人欲以数金易一石不可得。……以故贵显人求山人书画，乃反从贫士、山僧、屠沽儿购之"。至于清廷权贵强迫作画他是坚决不予的。如逢知己甚至"十日五日尽其能"以佳作赠之。据记载，当时有一个将军强行把八大山人关

《双鹰图》朱耷／清代

在他府邸里绘画，完成后则可获得高额酬金。八大山人可不吃这一套，他不仅不画一图，反而在府邸里到处拉屎，以示抗议。最后将军不得不放他归家。又有一个巡抚来信邀请八大山人去有偿绘画。八大山人强行推辞，就是不去。对于不会趋炎附势的八大山人，难怪常人说他“狂”。

其二，讽刺社会不良人和事。

有一个县令请八大山人画四幅画，让东老先生转呈，八大山人故意画三幅，并附了这样一封信：

承转委县老爷：画四幅之中，止得三幅呈上。语云：“江西真个俗，挂画挂四幅。若非春夏秋冬，便是渔樵耕读。”山人以此画三幅特为江西老出口气，想东老亦心同之，望速捎去为感。八大山人顿首，八月五日。

当时的康熙皇帝提倡耕织图，造成天下官员都投其所好，纷纷张挂春夏秋冬或渔樵耕读四条屏幅，如此一来就扼杀了国画的多样性。八大山人针对这种不良现象，不仅自己不绘这样的画，还进行了辛辣的讽刺。信中的“江西老”是指江西人，打油诗中的“江西”不是指地方，因为地方没有俗与不俗的，只有俗与不俗的人，显然这里的“江西”是指人。打油诗中的“江西”，用南昌方言读是“gangxi”，与“康熙”的读音十分接近，因此，这里的“江西”是指康熙皇帝，这是一首讽刺康熙皇帝的打油诗。

八大山人巧妙地运用典故、暗语、方言和谐音等手法，创作了不少专门讽刺清朝权贵的诗，既充分地表达了自己的思想，又躲过了清廷的文字狱。

其三，推崇社会进步力量。

清军入关后采取野蛮杀戮政策，八大山人曾对郑成功的反清复明的武装力量给予极大的希望。听到台湾的消息后，他在为友人绘的“花王”画上，情不自禁地题上：

婆子春秋节，台湾道路赊。
闻鸡三五夜，失晓对菱花。

诗的大意是：在这个天下兴亡的历史时刻，去台湾的道路被堵塞。连续几个晚上没有睡觉，注意倾听秘密消息，失眠至早晨对着菱花镜发呆。可是残酷的现实一次又一次

具有宋代造型特点的梅瓶

地破灭了八大山人的希望，他怎能不悲痛得发狂呢?

从现今存世的画作来看，八大山人总共有两张绘瓷瓶的画，而且都绘的是宋代瓷瓶，可见八大山人是有意将宋代瓷瓶入画。在一首题画诗中，八大山人写道:

郭家皴法云头小，董老麻皮树上多。
想见时人解图画，一峰还写宋山河。

可见，八大山人既不画清代瓷瓶，也不画清代山河。其不少作品曲折地表达了反抗异族野蛮统治的思想。

后世绘画大家读了八大山人作品，感觉“横涂竖抹千千幅，墨点无多泪点多”。可见，八大山人是在用大爱之心绘线，用悲悯情节渲染。

现今的南昌市八大山人纪念馆，收藏了八大山人大部分作品，而且精品不少，接待海内外观众无数，相信你来到了纪念馆，看到了八大山人的作品真迹，一定会有一个心灵的震撼。

江西派大师罗牧

罗牧（1622—1704），出生于江西宁都县钓峰乡，字饭牛，号云庵、牧行者、竹溪等，被称为清初“江西派”画家代表。

罗牧是一个从乡村走出来的画家，最初以种茶、制茶谋生，爱好绘画，因家贫，没有受过系统教育，成年后曾师从宁都梅江镇魏书学习书画。罗牧有一个随时向别人学习的优点，即便年龄比自己小，只要学问比自己好的人，他也能虚心求教。

清初，南昌城内东湖一带是文人雅集的地方，这里有三个文人结社组织：一是以诗文会友的“东湖社”，二是以书画切磋的“东湖书画会”，三是两者兼顾的“东湖诗画会”。当时南昌著名文人都参与其中，如徐世溥、陈弘绪、澹雪和尚、八大山人、心壁和尚等。为了寻找高人指点，30岁的罗牧来南昌谋求发展，他带来两项技艺——制茶和绘画。最初以制茶、卖茶作为谋生手段，他不时将自己制作的好茶送给文化名人品尝，然后将自己的画作请他们指点。由于罗牧谦虚好学，很快被南昌文人接受，并成为“东湖书画会”的重要成员。南昌著名文人徐世溥在1658年写的《罗饭牛携画至山中》诗中说：“云山本是无常主，更写云山卖与谁。”可见36岁的罗牧在南昌已经与名人有诗画交往，他的山

《疏林幽涧图》罗牧／清代（八大山人纪念馆藏）

水画已经获得了名人的赞赏，且达到了商品画的程度。

罗牧为人谦和，舍得吃亏，容易得到高人指点，绘画水平与日俱进，逐渐成为一位职业画家。八大山人是“江西派”画家中最为冷峻、奇特的一位，罗牧与之有密切的交往。他写的《赠八大山人》：

山人旧是缁袍客，忽到人间弄笔墨。
黄茅不可置苍崖，丹灶未能煮白石。
近日移居西埠门，长挥玉麈同黄昏。
少陵先生惜不在，眼前谁复哀王孙。

该诗表达了罗牧对八大山人有着无限的同情，写八大山人曾隐藏山巅，既做和尚又做道士，现在来到南昌以卖画为生，叹息一代“王孙”在市井过着清贫的生活。由此可知，罗牧对八大山人相知甚深。罗牧与八大山人性格和画风决然不同，八大山人性格孤傲冷峻、不合群，其山水画大多是宋代风格的残山剩水。罗牧性格和善谦让、顺大流，其山水画风格是歌功颂德式的锦绣河山。尽管两人性格和画风不同，但他们却不失为好朋友，经常在一块讨论明代灭亡的历史教训。

晚年的罗牧与八大山人闹了一场不愉快，主要原因是在对官府的态度上。罗牧与官员结交，有着很强的功利性，他结交官员的目的是为了获得青睐，为今后卖画联系人脉，打下基础。八大山人结交官员的目的是为了了解官府的动向，争取团结有民族气节的官员。清政府对待明遗民的政策是内紧外松，表面上对前明遗留下来的贵族、官员和士人非常优待，实际上盯得很紧，如有反清把柄的人就会遭到残酷镇压。一次，充当朝廷代表的江西巡抚宋荦邀请罗牧和八大山人去府邸宴饮。八大山人觉得他是清朝鹰犬，不屑参加；而罗牧则欣然前往。为此两人闹翻，不来往。1692 年，宋荦赴江苏就职，罗牧是少数送行的好友之一，从南昌开始，陪游庐山，一路送到江苏，可见他们相交甚深。宋荦推崇罗牧，抑制八大山人，这是当时尽人皆知的事情。

一个人的思想和行为决定他的绘画风格，罗牧画不出八大山人冷峻深刻的作品，八大山人也画不出罗牧歌功颂德的作品。时至今日，当我们来到南昌东湖边，观看这里物是人非的景象，比较罗牧与八大山人的画作，两人的画艺都非常高，而画意的深度，罗牧远不如八大山人。

现代国画大师傅抱石

傅抱石（1904—1965），原名长生、瑞麟，号抱石斋主人，祖籍江西新余，生于江西南昌，现代著名画家，“新山水画”代表。

傅抱石的父亲傅得贵，早年在家乡被地主儿子用钉耙凿在背上，打成肺裂，不得已流落到南昌，一边谋生一边治病，被一个走街串巷补伞为生的何立堂老人收作徒弟。傅得贵聪明勤劳，深得何立堂家传，何去世前将摊子交给他，从此傅得贵便在南昌以补伞为业。经过多年努力，终于在“臬台后墙”（现改名为新建后墙路）贫民窟建了“傅得泰修伞铺”。1904 年 10 月 5 日，傅抱石在这里出生。

傅抱石塑像

少年傅抱石因家贫，无钱读书，七八岁的时候，常去附近私塾旁听，认识了不少字。为了生存，母亲让11岁的傅抱石去瓷器店当学徒。在学徒的三年时间里，每天不仅要给老板娘带孩子，还要上下店铺门板。樟木门板有24块，很笨重，每天早上拆，晚上装，负重48次，尚未发育的傅抱石，力气小，只能躬着背硬扛，长时间负重劳作，造成轻微驼背、一个肩膀高一个肩膀低的畸形身材。

瓷器店老板对陶瓷美术、书法和印章都比较内行，为了培养熟练店员，要求徒弟识字、记账，甚至规定徒弟每天练习大字、打算盘。傅抱石学习认真，进步很快，深得老板欢喜。另外傅抱石对瓷器上的图案、书法和印章非常感兴趣，一有时间就观察、临摹；不懂的地方，就细心观察老板与顾客的谈话，从中悟出不少书画道理。

傅抱石家附近有一家裱画店、一个刻章摊，傅抱石一有机会就去旁观，回家就着手练习、模仿；不懂的地方，下次就带着问题去旁观，从店主与顾客的交流中悟出绘画、雕刻的道理。

《待细把江山图画》傅抱石 / 近现代

13 岁的傅抱石早熟，知道要想有一个好的前程，就应该去学堂读书，于是向父母提出进学堂读书的请求。父母尽管是文盲，但见儿子未进学堂，识字不少；未拜师傅，能刻会画，于是再苦再累也要答应儿子的请求。1917 年傅抱石进入江西省立第一师范附属小学，插班读书，1921 年他以第一名的成绩从高小毕业，并被保送进省立第一师范学校读美术专业。

省立第一师范学校校长特别看重傅抱石，告诫他说："书画、雕刻不光每天要练，还要学习相关史论。"在校长指导下，傅抱石把学校能找到的书画、雕刻史论书籍都借来通读了。国画教师左莲青也十分喜欢傅抱石，尽心指导。在读书期间，傅抱石每天练习书画和雕刻，他雕刻的印章与古代名家“赵之谦”雕刻的几乎一样。仅凭雕刻私章，傅抱石就赚到了生活费。1925 年，傅抱石完成了第一部著作《国画源流述概》。在雕刻理论上，傅抱石花了不少精力，颇有心得。1926 年从师范学校毕业，担任省立师范学校附属小学美术教员，并被多所中学聘请为兼职教师。在教学与艺术实践之余，傅抱石致力于美术理论研究。1927 年，他用毛笔小楷撰写了《摹印学》一书，1929 年又完成了《中国绘画变迁史纲》的撰写。

1931 年 8 月，书画名人徐悲鸿因事来到南昌，住在江西大旅社（今八一起义纪念馆），省立第一师范学校校长带着傅抱石去拜会徐悲鸿,所用的推荐书,就是傅抱石的《摹印学》。徐悲鸿读后，赞叹不已，认为江西老表里面有人才，他预言：“抱石定将成为中华民族的和氏璧。”并积极帮助傅抱石去日本留学。如果说青年傅抱石是千里马，那么徐悲鸿就是伯乐。

1933 年 3 月，傅抱石去日本留学。1934 年 5 月，“傅抱石中国画展览”在东京银座松板屋举行，获得了巨大的成功。不久，傅抱石的篆刻《离骚》又夺得了日本篆刻大赛冠军。傅抱石 1935 年 6 月回国，曾在南京中央大学艺术系任教；抗战爆发后，又在国民革命委员会政治部从事抗日宣传工作。

新中国成立后，傅抱石曾任中国美术家协会副主席、美协江苏分会主席、南京师范学院美术系教授。傅抱石擅长山水画，既注重传统技法，又借鉴西洋技法，独创“抱石皴”画法。在画风上，他强调情与景结合，代表作有《兰亭图》《丽人行》《九歌图·湘夫人》《江山如此多娇》和《不辨泉声抑雨声》等。在创作之余，傅抱石还从事绘画理论研究，成绩斐然。

傅抱石绘画艺术享誉国内外，然而，南昌这个大师出生、成长的地方，竟很少有人知道，展示大师这段奋斗的历史，或许更能激发后人。

传统山水画大师黄秋园

黄秋园（1914—1979），字明琦，号秋园，别号大觉子、半个僧。生于南昌县马家桥黄村。祖父曾任两广总督府幕僚；父亲毕业于江西法政专科学校，曾在丰城等县任警官，后在南昌剑声中学做教员。

黄秋园自幼在村中读私塾，喜欢绘画。后来南昌城内滕王阁小学插班读书，毕业后进入南昌剑声中学。中学毕业后曾在裱画店学徒一年。此时他开始大量接触水墨画，留心店老板与顾客关于水墨画鉴赏、评品话题，逐渐萌发了儿时的绘画兴趣。开始自学绘画理论，临摹芥子园画谱。父亲见黄秋园对绘画感兴

晚年黄秋园先生

黄秋园作品

趣，于是把他送到好友——南昌小有名气的国画家左莲青先生家里学画。由于黄秋园悟性很高，很快就出师了。19 岁时，他的画就能卖钱。

抗战爆发，日本军队占领南昌，黄秋园不愿做日本帝国主义统治下的顺民，随国民党江西省政府逃往泰和县。1938 年，经其伯父介绍，考入江西裕民银行，先后担任过文书、物资调拨处主任。为支持抗日，黄秋园在泰和、赣县多次举办绘画义卖活动，所得款项，全部捐给江西省难民救济会。新中国成立后，银行改制，黄秋园进入南昌市人民银行工作，直至 1970 年退休。

为了清高，黄秋园有传统士人的孤傲。他从不为个人利益，去与名人套近乎。新中国成立后，傅抱石已经是非常有名气的大画家，曾来南昌多次，不少绘画界的朋友去拜会他，拉家常。黄秋园本来也有条件去套近乎，比如说左莲青既是黄秋园的绘画师傅，也是傅抱石的绘画启蒙老师，他们两人可以说是同门师兄弟。如果黄秋园放下面子，自称小师弟，亲自去拜访傅抱石，然后把自己的绘画作品请傅抱石指点，相信傅抱石一定会提携这个小师弟，何况黄秋园的画作已经达到了很高的水平。可是黄秋园从没有这样做。在那个年代，是黄秋园觉得自己是个旧职员出身，怕影响了师兄的政治前途，而不去打扰他，还是觉得酒香不怕巷子深，不愿放下身价去套近乎，不得而知。然而黄秋园画艺为世人所知，尽管不是傅抱石推荐，然而却是他儿子傅小石积极推荐的结果。

为了生存，黄秋园有着市井小民的狡黠。黄秋园居住在小桃花巷口，这是一个传统居民住宅区。一些居民为了获取更多的生存空间，总是想多占一点他人的空间，如果软弱的话，就会被强邻所欺。黄秋园长期生活在闹市居民小区，深知博弈的道理，为了能够维持一个属于自家的狭小空间，常常为了一丁点小利，放下斯文，与侵占者叫骂，造成一个邻里皆知的印象："黄老先生古怪，不好惹。"黄秋园先生收入低，为了少花钱，他常去农贸市场买菜。他可以用一分钱，买到别人两分钱的菜。菜农把菜放在摊位上卖，两分钱一份的葱，黄秋园前去还价，手上拿着一撮小葱："一分钱卖不卖？"摊主不肯，再拿掉一根，摊主还是不肯，将葱抢过去。黄秋园抓紧葱叶子，结果葱叶断了。黄秋园说："品相不好了，

《层岩古木》黄秋园 / 近现代

黄秋园纪念馆大门

算了卖给我吧！”结果一分钱把断了叶的两分钱葱买回来了。有的橄榄菜不小心从摊位上滚下来，摔烂了一点，黄秋园就用较低的价钱将它买回来。活鱼比死鱼贵三分之一，刚死的鱼，腮是鲜红的，时间久了就会变色，黄秋园常常用三分之二的价格买刚死的鱼。他家就在菜场附近，买了鱼立刻回家烹饪，味道不受影响。一代大画师就是在最底层的市井小巷里，一边为了生存而斗争，一边为了艺术而奋斗。

为了写生，黄秋园像乞丐一样跋山涉水。传统中国画，提倡先临后写，临万卷画，行万里路。黄秋园临摹了历代名画，还不定时去山里写生。那个时候十分艰苦，既没有古时候的游学环境，更没有当代画家的写生条件。黄秋园则是带着半大不小的儿子做伴，家里煎几块面粑，揣着几块人民币，拄着柴棍，就上路了。爬山累了，就掬几口山泉；到点了，啃一块面粑，能找到，就吃一点野果。天要黑了，就赶紧向镇里赶，找最便宜的旅社，两父子睡一个床位。据其儿子黄良楷回忆说：“有一次我们住 5 角钱一个床位，半夜我热醒了，一起来，烂草席一块一块地粘着我的身子。父亲在那里画草图，看见我起来，骂我说：‘起来做什么，明天还要赶路，喝口水，赶紧睡！’”黄秋园就像叫花子一样，走遍了江西的山山水水，洞悉了山水的四季变化，琢磨出了自己的绘画风格。

黄秋园在 65 岁的时候，正当他沉浸在自己古朴、幽深、浑厚的水墨画创作的世界里，却突然脑溢血发作，溘然仙去。其儿子黄良楷在悲伤之余，考虑到父亲的画作不能就此埋没，要让世人知晓。于是他想到了傅抱石公子傅小石，带着父亲的画稿，去南京游说傅小石。当傅小石看到黄秋园画稿后，大为震惊说：“黄先生的画作，与我父亲的风格迥异，水平不相上下。”

在傅小石的撮合下，1986 年，黄秋园绘画作品在中国美术馆公开展出，引起强烈反响。国画大师李可染先生在参观过黄秋园画展后，对黄良楷说：“我很敬佩黄先生的画，想用自己的一张画换黄老的一张画。”他还亲自书写了一段题跋：“黄秋园先生山水画，有石溪笔墨之圆厚，石涛意境之清新，王蒙布局之茂密，含英咀华，自成家法。苍苍茫茫，烟云满纸，望之气象万千，朴人眉宇。二石、山樵在世，亦必叹服！”最后引用古语说：“国有颜回而不知，深以为耻也。”可见作为绘画同行，他对黄秋园的遭遇，对其作品长期被埋没，感到深深的愧疚。

黄秋园先生纪念馆，在南昌市小桃花巷巷口，由黄秋园先生家居的两间陋室扩建而成，里面保存着他生前绘画、生活旧貌，吸引着不少绘画新秀来这里寻找创作的灵感。

第四章 美丽乡村

MEILI XIANGCUN

时至今日，南昌仍然保留了不少著名的古村落，它们既是古代物质文明的见证，也是传统文化的缩影。南昌县的月池熊家、前后万家，新建区的汪山土库，安义县的罗田村，进贤县的陈家、文港和李渡就是典型代表。这些村落的先民充分利用就近资源，在解决生存问题的基础上，不断探索发展的道路，终于走出了各自不同的路子。下面分别揭示它们所处的地理位置、发家致富的过程，村庄走上可持续发展道路的原因以及各自的特色。

一、月池熊家

月池熊家位于南昌县冈上镇，与丰城市、新建区隔赣江相望，沪昆高速在村旁穿过。月池熊家是“江陵熊氏”的分支，它的建立者，是明末清初由新建县迁来的“察公”后裔的“定方支”。才焕公是熊家村有文字记载的最早先人。才焕公为人随和，曾试图通过读书来改变寒族的命运，但一直未能如愿。

月池熊家的发展，始于“和”字辈的“三大房”时代和“位”字辈的“七大家”。“三大房”，指的是以莲香公的三个儿子咏和、论和、谏和为祖先的房派。其中大房咏和公有三子，二房论和公有三子，三房谏和公有一子。这兄弟七人均为“位”字辈，亦称“七大家”。自“三大房”时代开始，月池熊家子弟为了改变寒族身份，先后走上了经商之道。信昌盐号是月池熊氏在汉口创设的第一个商号，也是月池熊氏近百年的商业繁盛期的开始。信昌盐号起初由鲁卿主持，后改由禧祖掌管。禧祖接手信昌号之后，尽心经营，并以此为契机向茶叶贸易拓展，还在南昌城和今天的修水等地，合伙或独自开设了多个典当行，最后创建起一个名为“志远堂”的实力雄厚的企业。经济实力强大后，熊家子弟在月池附近和城郊的桃花村购置了大量地产，在进贤门外建立有“又一村”别墅，在汉口和扬州等地也置有房产。不过，最能反映熊家财富实力的，还是他们耗巨资在村中建起的庄园。整个熊氏庄园占地面积 70 余亩，实际建筑面积 20 余亩。庄园南面是一大弧形围墙，向东西两侧延伸。围墙中间有村门，门上置有乌纱顶，称为“乌纱门”。紧靠村门为一半月形水池，面积两亩余，月池村由此得名。

伴随着商业的成功，月池熊氏开始接续先人诗书传家的传统，积极追求科举功名，以求跻身于仕宦之列。他们不仅为各房子弟购买了《四库全书》《资治通鉴》等古籍，还专门设立了家族教育基金，成立了“心远堂”这 管理机构。根据规定，熊氏子弟中举人者，可得奖银 700 两，中进士者奖银则高达 3000 两，考取秀才、贡生亦有相应的奖银。正是在这些措施的激励下，熊家子弟在科举考试中取得了不俗的成就。尤为难得的是，当科举制度出现了严重危机的时候，熊氏子弟中不少人转向追求新学，如熊元锷、熊育钖两人就先后与严复结成师生关系，积极倡导新式教育。熊育钖更是创办了从小学到大学一套完整的新式学校，成为中国近代著名的教育家，被誉为“中国的福泽谕吉”。

心远小学创办于 1895 年，创办者为熊育钖、熊元锷等人。学校设于月池熊氏祠堂内，主要招收“三大房”子弟就读。民国时期，心远小学以教育“质量好、要求高、管理严”著称。抗日战争时期，心远小学因熊氏子弟大部南迁而停办。

心远中学的前身是创办于 1901 年的“乐群英文学堂”。后因创办者离开，乐群英文学堂改由熊氏一族接管，并改名为“南昌熊氏私立心远英文学塾”，校务由熊育钖主持。“心远英文学塾”与稍后成立的湖南明德、天津南开并称为“中国三大私立新校”。1907 年，“心远英文学塾”改名“心远中学堂”，熊育钖任堂长。1911 年，改名“南昌熊氏私立心远中学校”，熊育钖任校长，后又兼任省立第二中学校长、南昌女子公学校长。熊育钖注重培养学生的爱国思想，支持学生的爱国运动，二中、心远成为青年学生学习马克思主义、开展新文化运动的场所，出现了赵醒侬、袁玉冰、黄道、曾天宇等一批江西早期优秀共产党员。在熊育钖的潜心治理下，心远中学的教学水平在省内众多的公、私立中学中一直位居前列。此外，心远中学还创办了《心远季刊》，并由近代著名教育家严复创作了《心远校歌》歌词。在心远中学的历史上，有一批成就斐然的教师在学校任职，培养出许多对中国近代历史产生影响的学生，如中国共产党早期领导人张国焘等。

1922 年，熊育钖为了改变江西无综合性大学的现状，在南昌城三道桥心远中学的基础上，开办了江西第一所私立综合性大学。大学最初只有文科，后增设数理二科。熊育钖亲主中文系，延聘一批江西籍的有才之士为教授，取得颇为注目的教学成果。1926 年，教育部派专员视察，准许立案。教育总长章士钊划出一万元专款，奖励心远、南开、明德三所大学。1927 年，因经费难以为继，心远大学在培养了一期文科毕业生后停办。

月池熊家村（又称教授村）

近代以来，本着“教育救国”“科技兴国”的理念，月池熊氏子弟在教育和科技领域取得了巨大成就，被誉为“近代南昌第一才子村”。据统计，月池熊氏自“正”字辈算起，至今共有教授 48 人，其中中科院院士 1 人，中国人民解放军上将、博士研究生导师 1 人；教授级高级工程师 19 人，副教授及高级工程师共 141 人，副县团级及其以上人员 28 人，另有在国内外企业服务的博士、硕士共 16 人，成为名副其实的“教授村”。

2002 年，为了弘扬熊家村尚学重教的优良传统，挖掘熊家村的历史文化资源，将其建成爱国主义教育基地，中共南昌县委、县人民政府开始对月池熊家村进行了较大规模的修复工作。第一期工程整葺了月池池塘、乌纱门等村内的标志性建筑，树立了“教授村”碑石。经过此次修复，熊家村的面貌焕然一新，重现了“月照樟林古，池连草色青”的景象。今日的月池，正以它深厚的历史文化底蕴，向世人展示一曲近代以来家事、国事、天下事的交响乐。

二、汪山土库

汪山土库位于新建区东北部大塘坪乡，地处赣江西岸，濒临鄱阳湖，距南昌 45 公里。它兴建于清道光初年。当地百姓把大型的青砖瓦房称为“土库”，因这座宅院建在汪山岗上，且规模浩大，故由此得名。汪山土库建筑群气势

汪山土库建筑群

雄绝，集宫廷建筑的恢宏、徽派建筑的典雅、苏州园林的精致、围屋建筑的厚重为一体，处处体现天人合一之美，是赣鄱地区建筑艺术的璀璨明珠。

汪山土库坐北朝南，依山枕水，以祖堂为中心，东西两侧一字排开，占地 108 亩，内有房屋 25 幢 1443 间，大小天井 572 个。建筑结构采取外墙青砖立斗灌泥，墙内侧定磉立柱承重的形式，外观青砖黛瓦，封火山墙，气势恢宏，巍伟壮观。内部巷道纵横、花楼重门，身置其中，冬暖夏凉，舒适宜人，晴无日晒，雨不湿鞋；木雕、石雕、砖雕有龙腾凤舞、狮子滚球、八仙过海、梅兰竹松皆精美绝伦，神采飞扬。汪山土库布局科学，结构明朗，排水、通风、采光等均以人为本，与鄱阳湖地区恬静迷人的田园风光和谐统一。我国著名古建专家雷运棠先生给予汪山土库以极高的评价："汪山土库是江西近现代人文建筑史上的一笔重彩，整个建筑群大气磅礴，雕刻工艺富贵而庄严，清晰简洁又不失神采，堪称建筑史上的一朵奇葩。"现在，祖堂以东（整个土库的一半）已修复竣工，面积达 15000 多平方米，是山西乔家大院的两倍多，已被中国文联、中国民协命名为"中国府第文化博物馆"，素有"民间故宫"之美誉。现已列为江西省、南昌市文物保护单位。

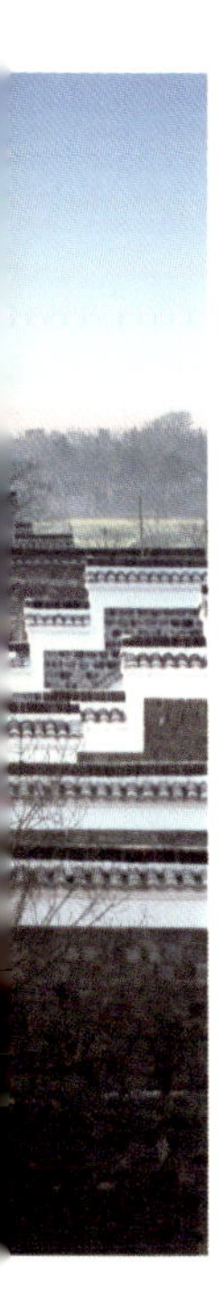

汪山土库是声名远播的官宦府第、名门望族，其深厚的府第文化，孕育了"一门三督抚"（清代湖广总督程矞采、江苏巡抚程焕采、安徽巡抚程楙采）"三个大红顶子"及原国民党宣传部部长程天放，培养了一代文彦俊士、社会名流。自清嘉庆末年至民国的 100 余年间，汪山土库共有

汪山土库内部天井结构

进士4名、举人11名、社会名流100余名。受封为“总督”“尚书”“一品夫人”者有十几位，成就了当时大塘“一门三督抚，五里六翰林”的程氏家族辉煌。今日，其后裔散居在北京、上海、成都、哈尔滨、南京、苏州、杭州以及台湾等地，还远至英国、法国、美国、日本等十几个国家，在音乐、建筑、医学等行业皆有不少出类拔萃的人才和骄人的业绩。

土库程氏家族的崛起与教育密不可分，能够七八代长盛不衰，重视教育是一大秘诀。程氏家族以耕读传家，虽屡试不第，但仍不气馁，最终从书山里走出一条康庄大道。土库程氏先是重视对子女的教育培养，逐渐发展到办私塾学堂，招生范围扩大到整个汪山村、大塘地区程姓子女。随后又组织“宾兴会”，并管理“北京新建会馆”，为新建县举子进京科考提供了资助和便利，创造了一个重教崇文、文风兴盛的大氛围。久而久之便形成了传统，成为汪山土库程家兴旺发达，长盛不衰的动力源泉。

土库程氏家族的兴旺与他们积善成德不无关系。程氏家族热心公益，以赈济乡邻为分内之事。自迁居汪山村以来，汪山土库始祖程琭辛勤劳作，略有积蓄，常常接济乡邻。后代秉承始祖遗风，乐善好施，以助人为乐事。土库程氏深知仅靠读书来维持家族兴旺还远远不够，道德传家要比耕读传家来得更为久远。土库程氏一边督促后辈勤奋读书，一边教导家族成员严守道德，并通过设义田义仓、赈灾济贫、修建堤坝等善举来提高整个大塘地区乃至新建县百姓的生活质量。

勤俭持家、待人谦和也是土库程氏兴旺的重要原因之一。民间有“富不过三代”之说，家庭富裕后，骄纵子女，不好好教育，就会成为纨绔子弟，家境就会衰落。我国历史上有许多名门望族，却能避免“富不过三代”的厄运，这与他们本身的家风、家教息息相关。土库程氏深知“聚财容易守财难”的道理，要长久维持一个大家族的兴旺颇为不易，故一方面尽力督促族人努力学习，一方面开源节流、勤俭持家。

三、前后万村

南昌县三江镇地处南昌县、丰城市、进贤县、抚州临川区四县市区接壤地带，位于抚河支流的箭江、隐溪、彭港三条河的交汇口，三面环水。前后万村位于三江镇镇区东南部。前后万村，是前万村、后万村的合称，前后万村的祖先——万迪公在北宋神宗年间任兵部尚书，因金兵攘扰而护送隆佑太后南迁，其后代辗转定居于前后万村，迄今约有 800 年历史。前后万村是南昌县望族名村，是全国第二批传统村落、江西省历史文化名村。

前后万村历史悠久，文化源远流长，文物古迹众多。现有鲤鱼塘、双节牌坊（圣旨牌）、必大之门、金榜旗杆石、石堤十八坡、道光古井、万芳园、万迪公铜像以及极具传统古韵的明清古建民居 53 栋。 民居之间巷道交错，门道相连，村民往来自如。村中古建筑以青、灰、木色为主色调，

前后万村

用色十分淡雅清新，田园、水、建筑完全融为一体，彼此映衬，共同体现了前后万村古朴纯真的自然美。

前后万村世代尊儒重教，文风蔚然，人才辈出。据万氏族谱记载，北宋至元明清各朝，族人共考取进士 15 名、举人 17 名、贡生 44 名、国学生 70 多名、秀才 142 名。新中国成立后，据不完全统计，考取清华、北大、北航、北邮等重点大学 200 多人，赴美国、英国、加拿大、瑞典等国留学 40 多人。教授、高级工程师及各类专家 200 多人。北宋监国上将军、忠君爱国的一品荣禄大夫万迪；与文天祥同科进士，协力抗元的民族英雄万子应；力挺林则徐禁烟抗英，累受贬官返乡而无悔的河南监察御史万启心；追随孙中山北伐护国的国民革命军六三一师少将参谋长万涤尘；中华人民共和国第一位女省委书记，中共第十二届、十三届中央委员，第八届、九届全国人大常委、中央统战部副部长（正部长级）万绍芬，就是杰出的代表。

前后万氏仁人志士衣锦还乡之后兴建住宅，捐建祠堂，捐资助学。前后万村三面环水，古时每到春夏汛期，水患像猛兽，令人胆战心惊。乾隆二十五年（1760）冬，为根治水患，以万宾馥为首的“康乾七宾”捐助三万多银两，购置大量红石，族中父老出工出力，耗时数月构筑了一条两百多米长的红石大堤，用余石修筑了十八级石阶，称“十八坡”。在周围植下九棵大樟树（民国抗战时期被毁）以震慑水兽，根治了水患，为万氏世代繁衍昌盛、家园安宁奠定了基础。后世族人每逢春节迎龙灯、端午赛龙舟以及婚丧喜庆、节日典礼，都会到十八坡游走一圈，以纪念先辈的丰功伟绩。新中国第一位女省委书记万绍芬情系故里，数十年如一日，多方辛劳奔走，带头亲力亲为，四处筹募资金，合理规划，群策群力，修路造桥，整肃村容村貌，修复鲤鱼塘，兴建万芳园、学府苑、迪公铜像等。并联络香港爱心人士，为具有百余年历史男女共校的三江小学，增建“冠深教学楼”，为具有 50 余年历史的三江中学增建“挹秀教学楼”“修元教学楼”，建立中、小学奖学基金等。万氏贤达和社会各界仁人志士也为其拳拳爱乡之心所感动，纷纷捐资出力，先后修复双节牌坊等古迹民宅，将破损的三进古宅修建为村民文化活动室和村民自治理事会办公室。村民打扫院庭，清除积淤，村里村外植树种草，村容村貌焕然一新。

如今村道路两旁绿树成荫，万芳园恬静优美，鲤鱼塘水质清澈。走在青砖、麻石铺就的幽幽古巷，穿越天井式明清古建筑，欣赏精湛的木石雕饰，体味古色古香的明清神韵，是如此陶冶情操，令人如痴如醉。

四、罗田村

罗田村位于安义县石鼻镇东北两公里的西山梅岭之麓，与水南村、京台村共同形成了独具明清赣商文化特色的千年古村群。古村群里古迹众多，牌坊、老街、宗祠、古民居风韵依旧，雕刻、建筑融风土乡情和艺术魅力于一体，堪称古代赣文化和赣商文化完美结合的典范，因此赢得了“中国历史文化名村”“全国农业旅游示范点”“江西十大最美乡村”等荣誉。

罗田村的开基始祖名叫黄克昌，原为湖北蕲州罗田县人，为躲避战乱，于晚唐广明元年（880）由蕲州（今湖北省罗田县）迁徙至此，至今已有1140年的历史。罗田古村虽经千年历史沧桑，但保存较为完整，现有明末清初时期古民居建筑44幢，其中明代建筑3幢，清代建筑41幢，建筑面积17630平方米，有古街3条，分别为罗田前街、

横街、后街，长度615米；有古商铺32个。这些古建民居规模宏大，建筑精美，建筑雕刻工艺精湛、寓意深远。这种融风水星相、建筑艺术于一体，集古代商贸、教育、文化于一处的民居建筑，成为不可多得的研究中国古代建筑文化艺术的瑰宝和活化石。

罗田村远景

唐宋时期，罗田村人丁兴旺。罗田人借助优越的交通区位，在本村开店经商，同时在吴城、在汉口等地开有一间间金子商号。罗田商人秉信义创业，以信誉经商，以仁厚处世，他们赢得了声誉，也赢得了丰厚的报酬。于是，白花花的银子用船装车载运回罗田，在村里建起一片片深宅大院，可谓家财万贯，富甲一方。罗田街也成了方圆数十里的商贸中心，南来北往的客商应接不暇，“小小安义县，大大罗田黄”也因此传诵开来。明清时期罗田商贸繁荣鼎盛，街道两边店铺林立，货物齐全。有铁匠铺、锡匠铺、肉铺、碑石铺、金银铺、当铺；有油面店、绸缎店、杂货店、豆腐店、黄烟店、圆木店、理发店、棉絮店、药店；有磨坊、酒坊、油榨坊和香烛作坊。尤其是前街上段的绣楼，实际上是黄氏的刺绣作坊。这里常年有 20 多个绣女，她们的绣品精细、鲜活，可与苏绣、湘绣媲美，使安义刺绣享誉洪州。罗田人不仅自己开店经商，而且敞开胸怀，吸引了许多外姓商人在这里开店，形成了“前街绸缎布匹，后街仓库栈房，街头油盐百货，街尾烟酒磨坊，横街茶座饭馆，街上粮油猪行”这样门类齐全的商业集散地。每逢集日或进香拜佛的日子，竖街上便摩肩接踵，万头攒动。店铺里家家门户大开，店主人笑容可掬。货摊上蔬菜果品、海参洋布、懒蛇活麂、绿酒红茶……真是应有尽有。

世大夫第是罗田村规模最大、建筑技艺最精湛的建筑。古宅的原始主人黄秀文（1710—1782），是黄克昌的第 27 世孙。他 7 岁丧父，14 岁到永修县吴城镇伯父开的商行当学徒，二十出头就当上了业务主管。后伯父年老多病，商行全权委托其经营。由于经营有方、善待客商、广结人缘，商行生意兴隆、获利颇丰，伯父给了他很高的报酬。有一次，他为一外地胡椒商妥善处理了一船积货，使胡椒商深为感动，因此获得了巨额回报，于是成为罗田的首富。随后，他在罗田建了全村最大的房屋“四十八个天井”。他有六

世大夫第宅

个儿子，分别获得举人、贡生、明经、监生的名号和儒林郎、文林郎、奉直大夫官职。有孙子一人任安徽五河县知县。他自己靠捐纳也获得监生之名。于是，他在“四十八个天井”的门头上立了一块匾额，镌字“世大夫第”，正屋的前堂两边壁柱上有一副对联“智水仁山浑然元气；礼门义路卓尔家风”，意思是美好的山水给人以智慧，使人懂仁义，并使之形成地方良好的风气；讲究礼仪、正义，能培育出高尚的家风。他虽然富甲一方，且有多名子孙为官，但他从不骄傲暴戾、以强凌弱，反倒能扶危济困，周恤乡邻。世大夫第设有典房，是黄秀文为照顾穷乡亲而设的。正如屋柱上的对联“不取分毫之利，聊申乡党之谊”所表明的那样，乡亲急需钱用而拿东西来当的，一律以质论价；不

古街初照

论是否赎回，一律不收押金、不计利息。所以在罗田和吴城均有很好的口碑，罗田人至今还引以为荣。

今天，罗田虽失去了作为商埠集镇的地位，但仍拥有庞大的古屋群，保存下来的门、堂、匾、刻仍然闪烁着当年的灿烂，保留下来的 400 多米长的麻石古道以及麻石古道上被人踏车碾磨出的凹迹深槽还在诉说着昔日的繁荣。而设计精妙、功能齐全、历数百年仍有着实用价值的下水通风渠道，显示着古罗田人的聪明与睿智。村后的观边水库碧波荡漾，鸟飞鱼跃；高峻嶙峋的南坛山和北坛山，如狮如象，气势磅礴。村西的田野高阜中，葱茏的翠竹林里，村民修复的夏莲院香火缭绕，时不时传来的钟磬声，还在延续着昔日的文明，也预示着未来的辉煌。唐代香樟仍生机盎然，“寿康”方井仍泉水甘洌。驻足古村，不禁令人发思古之幽情。

五、陈家村

上艾溪陈家位于今日进贤县西部的架桥镇境内，地处赣抚平原，南距抚河一公里，东与南昌县塔城乡东游村交界，西与南昌县武阳镇郭上村为邻，离南昌市与进贤县各 30 公里。上艾溪陈家建于明天顺元年，即公元 1457 年，是一个有着 560 余年历史的古村落。村内明清古建筑众多，历史

村口“义门世家”牌楼

文化底蕴深厚。2006 年，村中的明清古建筑群被列为江西省文物保护单位。2013 年，村内古建筑群中的“云亭别墅”和“羽琌山馆”获批第七批全国文物重点保护单位。2014 年，艾溪陈家因较为完整地保留了传统建筑风貌，入选第二批“中国传统村落”。

自建村以来，上艾溪陈家人秉承“忠孝为本、耕读传家”的“义门陈家”祖训，尊祖敬宗，崇文向学，建设乡里，培育了良风美俗，为后人留下了宝贵的精神文化遗产。明清时期，陈氏子弟乡试和会试中屡创佳绩，“父子进士”“兄弟同科”时有出现。不仅产生了一个以探花陈栋，进士陈应辰、陈志喆等人为代表的科举仕宦群体，形成了后人敬颂的“名宦”或“良臣”，而且留下了“义门世家”坊、“云亭别墅”和“羽琌山馆”等一幢幢精美的历史建筑，为后人留下了宝贵的文化遗产。

明隆庆年间，陈栋擢右赞善，侍班东宫，因对太子多有规谏，故时人谓有“公权笔谏”之风。隆庆五年（1571），陈栋主持科考，任人唯贤，拔同郡南昌县人邓以讚为第一。邓以讚后成为一代名臣，世人称赞陈栋有“鉴识”。陈栋去世后，万历年间进士、南昌人舒曰敬对陈栋有极高评价：“宫赞科名南昌，明三百年中一人，其道义文章当时负海内重望，以年命不永，未竟所用，而乡里仅艳其会元探花，而不知其固名臣也。”明万历年间，陈维谦、陈维恭、陈以瑞在各自的仕途中，或敢于直言，为民请命，或轻徭薄赋，以民为本，或勤政爱民，严肃吏治，被后人奉为“良臣”。陈维鼎担任浙江奉化知县时，政绩卓著，位列“名宦”。

“羽琌山馆”建筑之一

清末民国时期，陈应辰先后在福建宁化、大田等地任职，留有“淳厚清行”之名。陈志喆在广东、四川两省任职时，倡修方志，鼓励新学，为当地的文化和教育事业做出了积极的贡献。

“云亭别墅”建造者为艾溪陈氏第14世孙陈应辰。该建筑群由“中宪第”“小驷门”“云亭别墅”等多个单体建筑组成，总面积达2000余平方米。“羽琌山馆”的建造者，为艾溪陈氏第15世孙陈志喆。该建筑群由“宝俭庐”“诒经室”“还读楼”“恋春阁”“磨砚山房”等主体建筑和“洁馨屋”“涵春池”“憩怡廊”等附属建筑组成，总建筑面积达4000多平方米。

还读楼

明代以来，上艾溪陈氏家族之所以能够成为地方上的名门望族，除了其自身的建设外，还得益于地方公共事务的参与。据现存资料，明代以来，陈氏一族主导或参与的地方公共事务，主要有神庙的创建、桥梁的重修和方志的编纂。正是通过这些公共事务和文化活动，陈氏家族不仅在家族内部建立起一套价值观念和行为规范，进一步提升家族的认同感和凝聚力，而且在乡村社会中扮演起重要的角色，成为乡村文化传统维护和延续活动的主要力量，从而成功地将族人在政治文化和社会活动等领域中的资源，转为维系外部乡村社会秩序的重要支撑。

“崇文向学”是上艾溪陈氏子弟共同遵循的行为准则之一。科举制度废除后，新式教育逐渐兴起，上艾溪陈家创建了敦睦小学，一批子弟先后到法政学校、师范学堂接受新式教育。现村中存留的“惜字炉”“还读楼”“诒经室”“磨砚山房”“退思室”“半耕读家”等实物，均体现出对文化的尊重和追求。

上艾溪陈家的历史文化，不仅体现在众多族人的政治文化活动中，还凝结于村中的“义门世家”坊、陈氏宗祠、云亭别墅、羽琌山馆等建筑中。这些创建于不同历史时代的屋宇，既是明清至民国时期陈氏家族在政治、经济和文化等领域发展的集中体现，又是陈家村村落格局形成、发展和演变的具体见证。

六、文港镇

华夏笔都是指文港镇，它位于南昌市进贤县西南部，地处赣抚平原，东靠316国道、京福高速公路，北邻温厚高速公路，西临抚河，是北宋词人晏殊的故里，是闻名遐迩的毛笔之乡，被誉为“华夏笔都”。2016年10月，文港镇入选第一批中国特色小镇。2018年，被授予全国首个

文港镇

“中小学生书画毛笔生产基地”称号。2019年，文港镇入选全国综合实力千强镇。

文港，早在唐初，已有笔市，而生产毛笔的历史更为源远流长，相传在2100多年前，制笔技艺是由秦朝时期的咸阳人郭解、朱兴传授而来。东晋时期，临川内史、书法家王羲之专用文港毛笔，唐王勃在滕王阁序中有“光照临川之笔”的颂赋（文港1969年前属临川管辖）。清代，文港前塘邹家人在武汉经营“紫光阁”毛笔连锁店，生意兴隆；还有名曰周虎臣的人在上海开设笔庄，乾隆皇帝下江南时，曾亲笔为其题“周虎臣”匾额，勒其制作精致御用贡笔，定期上奉朝廷；另外，文港镇亦有“紫光阁”“文照轩”“晋宏堂”等名笔店铺。当时，文港的毛笔，不仅畅销国内，且远销越南、缅甸、日本、新加坡等国家，誉满中外。至20世纪30年代，文港制笔艺人已遍及全国20多个省市，镇内拥有50人以上的制笔厂不下20家。“文革”十年动乱期间，受“大割资本主义尾巴”风潮的席卷，文港的制笔业被迫停产。改革开放后，传统的文港毛笔生产厂（家庭作坊）1400多家，从业人员达6000余人，并且形成了全国最大的毛笔市场，全国各地的毛笔商云集文港，而文港又有5000余人遍布全国销售毛笔。文港的毛笔产销量占全国份额的80%，形成了产、供、销一条龙的经营格局，产品畅销国内外。

文港毛笔，自古至今，久负盛名。文港毛笔历史悠久，世代相传，工艺纯熟，配料均匀，制作精湛。文港毛笔

文港镇毛笔批发销售展示橱

采用优质山羊毛、山兔毛、黄狼尾毛、香狸子毛等主要原料，按传统工艺制作而成，毛笔之四德“尖、齐、圆、健”兼备，笔头尖、笔锋齐、笔身圆、毛体健，软、硬、柔集于一体。刚中有柔，能硬能软，吸水性强，书写流利，锋如一根线，下笔铁划银钩，收得拢，撤得开，得心应手，挥洒自如。文港毛笔，大如扫帚小如针，品种繁多，笔类齐全，分狼毫、羊毫、紫毫、石獾、斗笔、眉笔、条屏、排刷 8 大类共 1000 余个品种。文港毛笔在继承传统工艺的基础上，大胆进行工艺创新和质量提升。笔杆形态各异，外形美观，竹木的继承传统，牛骨的典雅大方，有机玻璃的光亮透明，陶瓷的洁白如玉，景泰蓝的古朴新颖，象牙的端庄贵重，经久耐用，各具特色。原党和国家领导人乔石、楚图南、叶飞、赵朴初以及启功、舒同等书画名家用了文港毛笔后，都题诗作画，深表赞叹。

从 20 世纪 90 年代开始，文港人抢抓机遇，依托传统文化和自然资源、经济资源优势，面向市场，注重开发，着力培育“优于人、异于人”的特色产业，实现了从单一制作毛笔向钢笔、圆珠笔、画材笔、化妆笔生产的转换，依靠“一支笔、一张皮、一根针”支撑经济建设的脊梁，走“温州模式”的发展之路，积极推进城镇化、产业化、非农化进程。文港镇为促使文港制笔产业发展，规划建设工业园区，从 300 亩起步，到目前为止，已发展到 3000 多亩，建立了全国最大的笔业生产基地，形成了特色产业群和产业链，具有全套的金属笔生产制作能力。在工业园区规划建设中，狠抓基础设施配套完善，先后新建了日处理 2400 吨的污水处理厂，日供水 10000 吨自来水厂，110 千伏的变电站，不仅达到了通路、通电、通水、通电话，而且抓好了环境污染治理工作，使工业园区朝着区域规范化、厂房标准化、环境园林化、经营规模化、生产自动化、管理科学化的方向发展。远景规划工业科技园 2.4 平方公里，规划形成电子工业区、制笔工业区、医疗器械工业区，在做大做强文化产业的同时，形成产业多元化体系，增强产业的竞争力和辐射力。目前全镇以文化用品、皮毛加工、医疗器械三大特色产业为龙头的民营企业 400 余家，其中年产值在100万元以上的有300家，1000万元以上的有30家，5000万元以上的有20家，1亿元以上的有4家，个体工商户2011家，在全国各地开设产品销售窗口5000多个，8000人的销售大军遍布全国。先后创立了罗氏、万里、劳文、德文、古典文、派利、海圣、烂笔头等90多个系列钢笔、圆珠笔名牌产品。文化用品市场吸引了数以万计的各种客商来文港集贸交易。文港集贸交易，每逢圩日，市场交易人数达5万之多，市场交易额超过200万元，有“药不过樟树不灵，笔不到文港不全”之说。文港已成为全国文化用品集散地。

七、李渡镇

李渡镇位于南昌市进贤县西南部，地处赣抚平原，距省会城市南昌 60 公里，距昌北机场一个半小时路程，福银高速公路、316 国道临境而过。李渡镇始建于秦末汉初，从隋唐立街，宋元开圩，明清设镇，至今已有 1400 多年的历史，曾因繁荣的工商业享有“走遍天下路，不如李家渡”

李渡镇街道

的美誉，是“江南酒乡”，被誉为“江西四大古镇”之一。李渡镇是全国重点镇、全国发展改革试点镇、全国小城镇建设试点镇、全国文明村镇、国家级生态乡镇、全国综合实力千强镇、全省百强中心镇。

李渡镇自古以来就生产李渡高粱酒。李渡高粱酒是江西老字号名酒，是一种浓香型纯白酒，有色泽澄清、入口柔绵、味道醇厚、酒味芬芳、清香扑鼻、余香回味之特点，且酒后不上头，因而逾千年而不衰。王安石、欧阳修、晏殊、朱元璋等才子英雄皆与李渡结缘深厚，“王安石闻香下马，晏同叔知味拢船”的典故至今流传。李渡高粱酒的生产，是从民间酿酒中发展起来的，而李渡民间酿酒的历史相传有2000余年。李渡高粱酒主要原料是赣抚平原盛产的糯谷。大曲是以麦麸、面粉、豌豆粉为原料，精心培制成中温香曲。采用传统的老四甑、混蒸混吊和清蒸清吊，大缸贮存，黄泥封窖，定期检查，逐步分级，精心勾兑，再入酒库，长期储存。它久陈愈香，越留越醇。李渡高粱酒的发酵酒窖一般都在30年以上，部分老窖在60年以上。白酒的酿制是一项生物工程，国宝古窖李渡酒的酿造更是传承自元代古窖的生物工程。在酒的发酵过程中，窖池会产生多种的微生物和香味物质，并慢慢地向泥窖渗透，变成丰富的天然香源。窖龄越长，微生物和香味物质越多，酒香越浓，而黄泥含有铁、磷、镍、钴等多种元素，对酒的品质也起着作用，尤其是起固化作用的镍和起催化作用的钴。

2002年江西省文物考古研究所从李渡镇挖掘了元代烧酒作坊遗址，出土了一批元代采用地缸发酵生产蒸馏酒的酒窖、水井以及明清的炉灶、晾堂、蒸馏设施等种类丰富的酿酒遗迹，包括14975平方米建筑物和遗址内13个元代酒窖、9个明代酒窖、32个清代酒窖；1个明代晾堂、1个清代晾堂、1个明代蒸馏设施、1个清代蒸馏设施、1个明清代炉灶，以及350多件完整和修复的主要为元明清朝代的陶瓷器、酒醅、石臼、青铜用具、铁具、铭文砖等文物，是继四川成都水井坊之后我国发现的又一处时代早、延续时间长且具有鲜明地方特色的古代烧酒作坊遗址。李渡烧酒作坊遗址李渡老街是与中国传统酿酒格局“前店后坊”相一致的古建筑。在这些老街上，乾隆年间集中了万隆、万盛、万茂、万祥、万义、福兴泰、福裕泰、福生、福隆9家私营酒业作坊。其中设在后街的福生作坊，门面尚在（今后街49—51号），与我国传统酿酒的“前店后坊”格局相一致。福隆作坊门面也还在。专家称，在长约500米的街道里，设有这么多酒业作坊，还存留部分酿酒作坊和门面，这在全国是独一无二的。在考古调查及对相关文献资料加以研究的基础上，考古专家认为，遗址酿酒的历史始于元代，历经明、清，连续不断，发展至今，反映了中国南方白酒工业在技术、生产工艺上的特点。李渡元代烧酒作坊遗址，是我国目前发现的酿造白酒时间最早、遗迹最全、遗物最多、延续时间最长且最具有鲜明地方特色的古代烧酒作坊遗址，距今已经有800多年，比号称“天下第一窖”的泸州老窖还要早上三四百年，也是目前中国乃至世界范围内证明元代蒸馏酒生产、发展并在科技上取得突破的最好遗址，是一部中国白酒酿造的无字史书，被称为中国酒业难得的“国

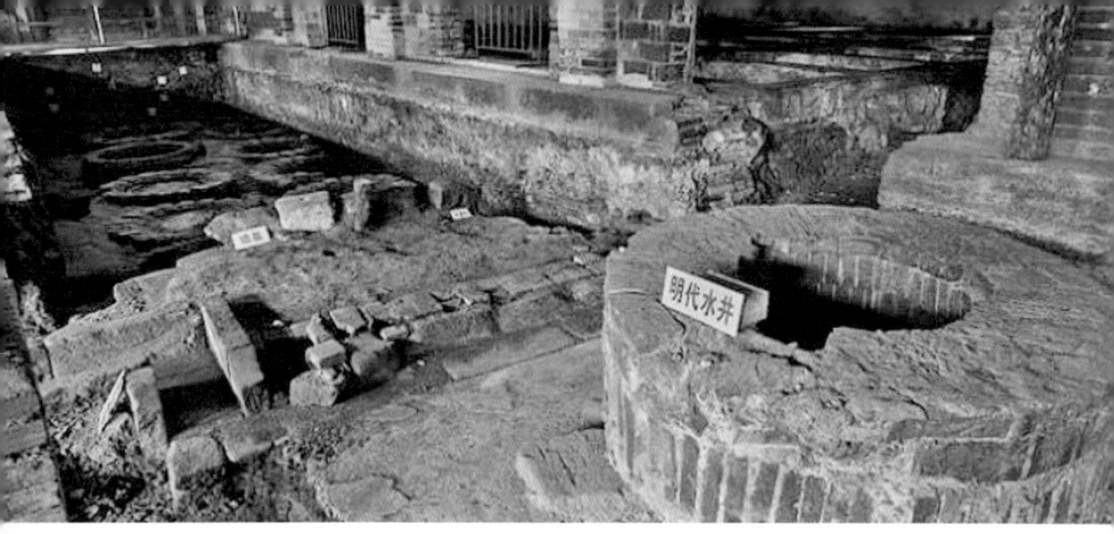

元明酿酒作坊遗址

宝”，被誉为“中华酿酒文化之摇篮”。它的发掘用实物印证了李渡酿造白酒的悠久历史。李渡元代烧酒作坊遗址被评为“2002年十大考古发现”之一，2006年入选为第六批全国重点文物保护单位。

清朝末年，李家渡最大的一家制酒作坊——万茂酒坊，请来了新建酒师，开始广集民间酿酒技术，在糯米烧酒的基础上，引进了以大米为原料，用大曲为糖化发酵剂，用缸、砖结构老窖发酵制作白酒的新工艺，酿成了酒味醇正有独特风味的李渡高粱酒。随着李家渡的商业繁荣，制酒作坊相继开办，最盛时期竟多至十几家，年产量高达40多万斤。李渡高粱由此而发展起来。由于酒味醇厚可口，清香扑鼻，一时声名大振，酒香千里。它和当地盛产的毛笔、夏布、陶器一起被称为李家渡四大土产。销路扩大到全省，并远销至安徽祁门、浙西、湖南一带。有的酒坊还在浮梁、抚州等城设有分号，专门经销李渡高粱酒。

俗话说，“水是酒的血，美酒必有佳泉”。李渡高粱酒酿造系汲取井泉之水，它的水质清澈明亮，纯净甘美，久贮不混，煮沸无泡沫及沉淀，并兼含少量矿物质，适宜酿造名酒。自古以来就有流传：李渡井水与别处不同，“做酒酒香，做豆腐无双”。“当圩李家渡，打酒买豆腐”。据说曾有人把李渡酒的制作技艺带到别处，想做出和李渡高粱酒一样的美酒来，结果硬是不行，其奥秘就在此井泉之中。

新中国成立后，李渡酿酒业如枯木逢春。政府对传统产品极为重视，酿酒业在政府大力扶持和资助下，迅速恢复和发展起来。1962 年在江西省首届评酒会上被列为江西名酒。1997 年荣获法国巴黎国际食品博览会金奖。2008 年 10 月，金东集团并购李渡酒业，重新组建江西李渡酒业有限公司，从生产工艺、经营模式、企业管理、资金运作等方面注入新鲜血液，以其雄厚的资金、先进的管理、精良的设备、优秀的人才，使李渡酒业成为全国酒类行业的新亮点。2015 年 9 月，“李渡高粱 1955”获得比利时布鲁塞尔烈性酒大赛最高奖——大金牌奖，与 53 度“飞天茅台”等名酒同台领奖。布鲁塞尔国际酒类大奖赛被誉为“酒中的奥斯卡”，大金牌是该赛事的最高奖项，每年获此殊荣的酒品数量仅为参赛总数的 1%。为提升李渡高粱酒品牌形象，李渡酒业用心打造“国粉节”，将其千年白酒文化传扬出去，与世共享。同时也借此盛会打造全球“国粉”交流平台，让五湖四海的朋友可以共同举杯，共同沉浸在李渡酒的古老芳香以及独特文化之中。国粉节、酒糟面膜、酒糟雪糕、酒糟花生特色小镇、全酒宴等等，独出心裁，每一个都让各地酒客充满好奇，能看到李渡玩得有多开心，买酒的人就有多开心，李渡成功地将这种沉浸式体验开发成为一个极具竞争力的新营销模式。文化方面，不断聚焦、挖掘和传播李渡文化，包括全国重点文物保护单位、国家工业遗产、李渡元代烧酒作坊遗址；旅游方面，在国家AAAA级旅游景区的基础上，增加智能机器人接待、无人超市、AI（VR）技术复原元代酿酒场景等；商业方面，对核心产品李渡高粱1955、李渡高粱1975的打造。同时，中国白酒消费者进入互联网小程序红利时代，通过国宝李渡强力打造的“国粉节”“酒糟面膜”和汤司令、国宝小司令等强IP，引领白酒IP潮流。为求在体验上做到极致，李渡还开发了三级体验模式：特色风格酒厂、知味轩、专卖店。通过酒厂历史风物的游览导入，通过独具体验特色的“知味轩”全酒宴，通过活动繁多、装潢独特的专卖店，将李渡的文化全方位地传扬出去，吸引到更多志同道合之人成为“国粉”。

李渡镇不仅有李渡元代烧酒作坊遗址、李渡万寿宫、李渡老街、东桂民居群、中洲度假村等旅游景点，而且有亚洲地区最大的烟花生产企业。李渡烟花集团生产的烟花在世博会、奥运会、APEC等会议上大放异彩，还有省级专业性特色商业街，李渡医疗器械一条街，医疗器械产业在这里已形成集群效应，益康集团公司、锦胜集团公司已跻身全国医疗器械行业20强。

第五章 豫章民俗

YUZHANG MINSU

南昌民俗是典型的江西民俗，其内容十分丰富，在此仅将最具江西特色、影响国内外的典型民俗做一介绍。在餐饮食品方面，介绍瓦罐汤、藜蒿炒腊肉、南昌炒粉、豆豉、冻米糖、茶道6种；在方言方面，介绍“别宅子”“谈讫”“扒窝”“雀剥”“发轮子”“斗把”6个保留历史信息、观察自然和传统生产习惯的词汇；在非物质文化遗产方面，介绍上坂关公灯和瓷板画。对这些民俗概念、特点和形成的原因一一做了说明。

一、特色饮食

南昌瓦罐汤

南昌瓦罐汤，实际上是瓷罐汤，因为煨汤的罐是青瓷罐而不是瓦罐，只因民间习惯，继续称瓦罐汤而已。

南昌瓦罐汤，品种众多，有肉饼汤、排骨汤、心肺汤、猪肝汤、羊肉汤等；主料有猪肉、排骨、猪心肺、猪肝等；辅料有鸡蛋、香菇、木耳、桂圆、红枣、中药材、作料等。基本制作方法：以排骨汤为例，将排骨洗净，剁成小块、加入香菇、桂圆和佐料，放入瓷罐内，加高汤，盖上盖子，然后将瓷罐放入炉火内长时间煨。久煨之排骨、香菇、桂圆及佐料营养成分充分融解于汤中，肉块有形，入口即化，汤汁稠浓，醇鲜独特。

南昌瓦罐汤在东汉时期就已经盛行。尽管没有文献记载，但是考古发掘出土了大量东汉时期的原始瓷罐、青瓷罐，其大小、造型与现在的瓦罐基本相同。在江西省博物馆、滕王阁古玩城商店橱窗内都有摆放。

古今煨汤的瓦罐有一个共同的特征，即器物颈部有一道收敛凹痕，这是方便铁钳从炉火中夹出瓦罐而特制的。考古发掘证明，自汉代开始，各个朝代的煨汤瓷罐，南昌地区皆有出土。

改革开放之后，南昌瓦罐汤开始走出江西，遍布全国各大中小城市。

汉代煨汤原始瓷罐

宋代青瓷煨汤罐

现代排骨瓦罐汤

藜蒿炒腊肉

“藜蒿炒腊肉”是南昌一道最富有特色的菜肴。主料：藜蒿、腊肉；辅料：韭菜、干辣椒。

制作程序：将藜蒿去叶，取嫩茎洗净备用；将适量腊肉、韭菜切成条状备用；准备少许干辣椒、大蒜头等。先将腊肉放入油锅爆炒，加

藜蒿炒腊肉

入干辣椒、蒜头等佐料；中火焖熟出锅，再用油锅爆炒藜蒿，稍后加入韭菜；然后将焖熟的腊肉倒入锅中，拌匀即可出锅。藜蒿炒腊肉香脆鲜滑，美不可言。凡是吃过此道菜的嘉宾，无不印象深刻，久久不能忘怀。

相传此道菜的发明者是许真君。一日他率弟子斩杀蛟龙，来到鄱阳湖。此时正值春暖花开，船夫来说："除了一条腌腊肉外，没蔬菜了。"

许真君指着鄱阳湖边绿油油的藜蒿说："你看，那都是蔬菜。"

船抵湖边后，许真君扯起一把藜蒿说："今天我们就吃这个。它既是野菜，也是药。它性凉、味甘，能利膈、开胃、行水，还有解毒之功效。"

许真君与众弟子取了藜蒿的嫩茎，把它洗净，对船夫说："把腊肉切成丝，与藜蒿一起炒。"

当藜蒿炒腊肉出锅的时候，香气扑鼻，吃到嘴里清脆鲜美，滑嫩爽口，大家赞不绝口。从此，这道菜就在南昌流传开了。

由于藜蒿与“利好”同音，为图吉利，南昌人的酒席上，都会有藜蒿炒腊肉这道菜。“鄱阳湖的草，南昌人的宝”，可见藜蒿炒腊肉是南昌人的至爱。

由于藜蒿需求量越来越大，藜蒿种植成为一种产业，越来越多的外地人可以品尝到这道菜肴了。

南昌炒粉

南昌米粉，历史悠久。据文献记载，在唐宋时期，南昌米粉就已经盛行。

基本原料是优质晚米，经过浸米、磨浆、滤干、采浆、捏团、蒸果、碾团、压丝、晾干、漂洗、摊晒等十几套工序制作而成，具有洁白、细嫩、久煮不煳、久炒不碎、爽韧可口等特点。

南昌炒粉种类繁多，如猪肉炒粉、牛肉炒粉、肥肠炒粉、鸡蛋炒粉等。以肉丝炒粉为例，制作方法如下：将米粉放

南昌炒粉

入开水中煮软，捞出用冷水冲淋，沥干水分待用；大火烧热油锅，倒入肉丝；待肉丝将熟时，加入青菜、豆芽、香菇丝翻炒，再加盐、辣椒、胡椒、酱油等佐料少许，改中火，然后加入米粉翻炒，颜色油亮，改小火，将米粉、肉丝和佐料拌匀即可出锅。

食用时可以根据个人的爱好，添加醋和辣椒酱。

丰城冻米糖

丰城冻米糖，又称小切。丰城是鱼米之乡，盛产大米，与米有关的各种食品十分丰富。据传 1756 年，乾隆下江南，曾品尝了丰城冻米糖，赞不绝口，留下四字评价：“脆、酥、香、甜。”

基本原料是丰城当地生产的优质糯米，辅料有白砂糖、饴糖、桂花、红柚丝等。

干糯饭粒做法：在腊月大寒之日，将糯米淘洗干净，蒸熟，呈一粒一粒状态，再在露天的夜里让它冻透，然后在白天晒干，备用。

丰城冻米糖

做冻米糖的基本程序：烧热一锅茶油，将干糯饭粒放入油锅，起泡成米花，将米花捞起待用；再把白砂糖、饴糖熬化，达到可拉丝的状态，将适度的米花、炒熟的芝麻倒入，搅拌均匀；然后铲入一个长方形木模具内，拍平，在表面撒上少许桂花、红柚丝等；冷却后用薄刀切成小块，方便食用。

丰城冻米糖闻名遐迩，早在民国年间就已经走出江西，销往上海、香港等地。改革开放后，丰城冻米糖得到了快速发展，产量大增，其中“子龙”牌冻米糖，1985 年被评为国优产品。

南昌豆豉

南昌是世界上最早生产豆豉的地方，最好的豆豉也在南昌。新中国成立初期，商业部在上海召开一个工作会议，部长表扬说：“全国豆豉，算江西的最好；而江西的豆豉，要算南昌的第一。”

南昌豆豉

东汉时期，有一位名叫樊少翁的江西泰和人，他发明了豆豉制作方法。为了发家，他在南昌做豆豉卖，结果大受欢迎，还做成了一个产业。豆豉产业鬟不光延续了两千年，而且影响了世界。

南昌老城区，在高桥附近，至今有一条叫“豆豉厂”的街名，这里曾是豆豉作坊集中地。据调查，民国年间，自“豆豉厂”开始，一直延伸到进贤门外，到处都是酿造豆豉的作坊。每一个作坊里都供奉着祖师爷——樊少翁，每月初一、十五，都要在樊少翁牌位前烧香、祭拜。

南昌民间制作豆豉方法有多种，各家都有自己的绝招，但基本方法相同，一般是在农历六七月间，将黑豆浸泡、洗净，蒸熟、摊凉，放在不通风的房间草席上，“发霉”制曲，然后将黑豆表层洗净、晾干，拌入适度食盐，装入坛罐内封口、密闭。放置在露天太阳下暴晒3个月左右，豆豉做成。

这种生产豆豉的条件，必须要有瓷质的坛罐，否则就不能密封，不能密封，就不能生产豆豉。最早生产成熟青瓷的地方是浙江婺州和江西洪州，时间是东汉。所以说，东汉时期樊少翁在南昌做豆豉卖，是真实的历史，而不是传闻。因为洪州就是南昌，南昌青瓷坛罐刚刚在民间普及，其他地方生产不了青瓷坛罐，也就生产不了豆豉。

豆豉制作方法的发现，使豆豉产业延续到今天；豆豉制作方法的改进，又使南昌豆豉产业走出江西，散布天下。民国时期，南昌龚天顺豆豉作坊，改进豆豉发酵方法，不用将制曲后的黑豆拌盐放入密闭坛罐发酵，而是将制曲后的黑豆堆积起来发酵，即无盐堆积发酵法。这种方法有利于豆豉菌的生长、发育和繁殖。由于制曲后的黑豆堆积起来容易发热，发酵成熟周期短，一般只要四天，夏天只要三昼夜即可成熟。如此一来，就大大缩短了生产周期。龚天顺豆豉作坊成本降低，资金周转快，效益提高。龚天顺是丰城人，他带出了一大批丰城籍行家里手。这些人后来散布在省内外各大豆豉作坊之中，使新式生产方法逐渐取代传统生产方法。

时至今日，厂家生产豆豉仍采用无盐堆积发酵法；民间生产豆豉仍采用拌盐暴晒法。

功夫茶道

所谓功夫茶道，即大杯泡茶，分杯喝茶，以及进入忘忧状态的行为。

功夫茶道始于明代初期的南昌。朱权在《茶谱》中写道：

明宣德瓷画上的朱权携琴邀友饮茶

> 以瓢汲清泉注于瓶而炊之。然后碾茶为末，置于磨令细，以罗罗之，候汤将如蟹眼，量客众寡，投数匕入于巨瓯。候茶出相宜，以茶筅摔，令沫不浮，乃成云头雨脚，分于啜瓯，置之竹架。

汲清泉烧开，将茶末放入“巨瓯”，就是大瓷杯，然后倒入开水冲泡；“啜瓯”就是小瓷杯，将大瓷杯的茶倒入小瓷杯，再分给各位饮者饮用。现在大家都知道功夫茶用小杯喝，可是大家不知道的是，用小杯喝茶的始创者是明初朱权，是他在南昌最早倡导的。

朱权认为，饮茶只需一小杯即可，“主起，举瓯奉客曰：‘为君以泻清臆。’客起接，举瓯曰：‘非此不足以破孤闷。’乃复坐。饮毕。童子接瓯而退”。饮茶能够排除心中杂念，让人进入愉快的氛围中。

朱权认为，饮茶可以进入忘忧状态。“或庚歌，或鼓琴，或弈棋，寄形物外，与世相忘，斯则知茶之为物，可谓神矣。”显然，朱权的解释与佛教、道教饮茶忘忧的解释不同。佛教认为，饮茶后进入打坐阶段，忘却自我，一切皆空；道教认为，饮茶后进入修炼阶段，以神运气，以气化神，直至成真。朱权的饮茶忘忧，是进入“寄形物外，与世相忘”状态。饮茶后可以与朋友愉快地谈话，可以吟诗唱歌，可以弹琴下棋。总之，朱权认可的茶道，与现代的功夫茶道基本相同。

二、南昌方言

保留历史痕迹的方言

【谈讬】

“谈讬”这个词汇在南昌人的意识中是与人务虚交流，不针对某一个具体问题，也没有任何目的，只是漫无边际、随心所欲的谈话。南昌人喜欢“谈讬”，在“谈讬”中，可以谈天说地，也可以说宗教谈哲学，但不涉及具体的内容以及有目的的话题。谈讬结束，双方心情愉悦，没有伤害任何第三者。

“谈讬”这个词汇实际上是保留了六朝时期江南士族的清谈观念。六朝时期，南昌逐渐形成了不少大家族，他们享有政治、经济特权，致使许多士族子弟不思进取，不屑于政务、军务，沉溺于清闲放荡生活之中。隋唐开始废止士族九品中正制，实行科举取士制，当官不问家世，终使士族门阀制度消失，但士族崇尚清谈的观念和习惯在南昌方言中保留了下来。

那种在背后说别人坏话、嚼舌根的谈话不属于谈讬的范围。

【别宅子】

“别宅子”，这个方言是南昌人骂人的最常用词汇，其基本含义是骂一个男的是小人、坏蛋的意思。

明代的大明律、清代的大清律规定，私生子没有财产继承权。私生子一般是没有举行婚礼的女人生的孩子，得不到男方家族承认，地位十分低贱。明清时期有钱有势之人可以娶几房太太，有称大老婆、二老婆、小老婆等，还有称大太太、二姨太、三姨太等。这些明媒正娶、坐花轿抬进屋的太太生的孩子都不算私生子，大老婆生的孩子称为“嫡子”，其他老婆生的孩子称为“庶子”。二姨太等只有瞒着家族，在外面买一个别宅或租一个别宅。别宅里女人生的孩子称私生子。私生子被当时社会人看不起，称他们为“别宅子”。

南昌方言里保留了这段历史现象，“别宅子”被衍生为骂人的词汇。

保留传统习惯的方言

【斗把】

“斗把”，基本含义是甲方指责乙方暗中阻拦自己。如甲方要做一事，乙方总是不配合，于是甲方指责乙方说：

“你是在跟我斗把是吧？”

在农业、手工业社会里，必须使用劳动工具。这些工具大多安装了一个木质的长把，便于使用，如锄头、斧子、锹和镐等都有木质长把，每次劳动之前都要检查长把是否松动，有的一会儿弄好，有的则需较长时间。在南昌方言里，把需要较长时间换一根长把的行为称为“斗把”，引申意思，就是把对方暗中阻拦的行为称为“斗把”。

由此可见，这个南昌方言保留了农业、手工业生产方式的痕迹。

【发轮子】

“发轮子”基本含义是指只要对方发来信息，自己就会配合。如甲方遇到乙方，甲方请乙方多关照。乙方说“到时候，发轮子来吧！”这就是许诺会关照了。

南昌传统商业，一些大的商店都有分销柜和记账柜，每一个分销柜出售商品都要填写两联单，然后将收的钱和一张单子用一只夹子夹紧，通过连接的铁丝滑轮滑给记账柜。记账柜收钱和单子，然后将退的零钱发还给分销柜。走进传统商店，就听见轮子在空中的铁丝上发来发去，传递着销售信息。

这一传统商业滑轮运作，尽管已是几十年前的事情，但被南昌方言记住了，“发轮子”一词还活在南昌方言之中。

对大自然观察的方言

【雀剥】

“雀剥”，基本含义是指责对方狡猾、坏透了的意思。

如甲方被乙方暗中坑害了一次，乙方不承认，甲方咒骂说：“是哪一个雀剥鬼害我，有胆量就承认！”

南昌是鱼米之乡，十分重视农业生产，每年水稻播种期间，都有大量的雀子飞来啄食水稻种子。雀子非常狡猾，啄食的时候，往往把谷种剥开，吃了种子，谷壳留下。观察细致的农民，非常痛恨雀子这种行为，播种期间会派专人看护。

南昌农民把农业生产中观察到的现象，运用在语言中，这是常有的事情，于是把人的狡猾、坏透了的行为称为“雀剥”。这个比喻十分贴切。

【扒窝】

“扒窝”，基本含义是指人的能力弱小。如乙方没有把事情做好，甲方指责乙方说：“这一点事情都做不成，你扒窝了！”

在传统农业社会里，南昌人与自然接触多，鸟类在人们周围活动频繁，观察比较容易。一些刚出壳的小鸟不会飞，只能扒在窝中等待外出觅食的父母回窝哺食，扒在窝中的都是能力弱小的鸟。

南昌方言中，“扒窝”这个词汇使用越来越频繁与社会上出现的越来越多的青年人待在家里，不工作、啃老有关系。

三、非物质文化遗产

上坂关公灯

上坂村位于西山深处的梅岭风景区内。关公灯，又称关公龙灯，由形如“丰”字的灯头、灯尾和一条条长1.5米、宽0.15米，上面插着三盏多棱角大灯笼的板凳组成。灯头、灯尾、灯笼皆用细软竹片编织，外糊彩纸，贴上或写上吉祥图案和词语，工艺精致，颜色鲜艳，造型独特。每年正月十二晚开始在村内外舞动、巡游，直到正月十四日晚止。

关公灯在曹家自然传承已有500多年历史。曹家村的曹氏是三国时期曹操的后裔，元代迁徙来上坂定居，逐渐繁衍为现代的曹家村。根据家谱记载，当年曹氏三兄弟由湖北来江西谋生，一个在南昌县的港口落户；一个在新建县的乐化落户；老三曹秀敏在西山上坂落户，成为上坂的第一代祖先。

上坂关公灯夜景

关于关公灯的起源有两种传说：

传说之一，曹操与关公私交很深，因关公曾被曹操俘获。曹操敬重关公的武艺和为人，不但不杀，还赐予甚丰，以期收买关公之心。当关公得知义兄刘备下落后，便封金挂印，不辞而别，在回归的路上还演绎了过五关斩六将事件，曹操最终还是放过了关公。赤壁之战，曹操大败，落荒而逃。华容道上，关公提刀勒马，挡住去路。此时曹公，命悬一线。关公念及前情，不顾在军师孔明面前立下的军令状，毅然放走了曹操。曹操后裔一直对关公感恩戴德，每逢年节，燃香点灯祭祀关公，后逐渐演变为元宵“关公灯”活动。

传说之二，某年大旱，赤地千里，稻田龟裂，眼看无收。曹氏先人在关帝面前，祷告祈雨。第二天，果真天降大雨，禾苗得救，是年丰收。从此曹氏家族，每年还愿，扎灯舞龙，感谢关公，并将龙灯命名为“关公灯”。

板凳组成的龙身

关公灯的制作，要经过扎、糊、刻、绘等多道工序，每一项都是精细活儿。龙头灯、龙尾灯像“丰”字形，各有一人撑持、几个人护灯，灯架上吊挂大小形状不一的几十盏灯笼及彩球，灯身则由一百多条板凳灯组成，每条板凳灯由一人撑持。

正月十二傍晚之前，必须完成龙灯制作。从当晚开始舞动关公龙灯，直至十四日晚止。每次舞动，有 300 多人参加，长 200 多米。

每家每户都会自觉接上一条板凳。出灯时，龙头、龙尾由村里长老或有威望的村民撑持，前后、左右则有几个身体健壮青年护灯。在舞灯的整个过程中，都有鼓乐相伴。上坂曹家的“关公灯”是远近闻名的有特色的板凳龙。

关公灯祭祀活动，在村内主祠堂举行。正月十五元宵日，一名沐浴净身、身穿大红对襟短袍的健壮青年，在十余名护灯者的护卫下，肩扛头灯，入夜沿着村内池塘小道蜿蜒前行，途经附近村庄每家每户，在黎明前夕，回到村主祠堂。执头者带领全体执灯者向村神“二圣公”和“七圣宫”问告。宣告舞龙活动结束。

村民在关公灯活动中，虔诚无比，每年撑龙头者必须是人品端正、身家清白、得到村民认可者才可担此大任，而且要事先沐浴，身着大红袍。

龙舞到哪里，鞭炮、烟花就响到哪里。整个晚上灯火忽闪，喧嚣声不断，此起彼伏。黑夜中，那灯笼中的光，透过五彩纸，在舞动中绚丽无比，整个村庄仿佛是一个童话世界。

上坂关公灯被列入了国家级非物质文化遗产名录。

南昌瓷板画

南昌瓷板画，又称瓷板肖像画，是一种直接在瓷板釉上，用特殊颜料绘画，然后经烘烤而成的瓷板画。它永不褪色，是江西特有的绘画工艺品。

南昌历来有给老人画肖像的传统。老人做寿，或驾鹤西去，家人都要给他画一张肖像留作纪念，肖像是采用线条勾画，画在宣纸上，如八大山人在做五十大寿的时候，就请人勾画了一张《个山小像》。

19 世纪后期，随着外来摄影技术和焦点透视绘画方法的传入，首先在香港、北京、上海和广州等大城市出现照相馆，拍摄半寸或一寸黑白照片。人们能够根据明暗关系，

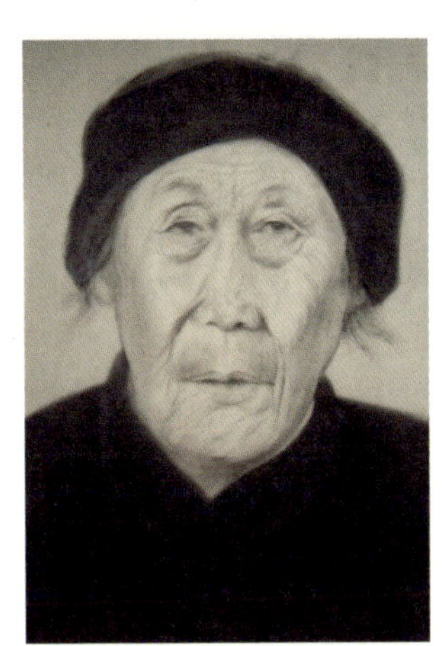
炭精擦笔肖像画

看到人物立体面貌。照片的缺点是面积小，不易保存。随后炭精擦笔肖像画能够通过九宫格方法有效放大黑白肖像照片，解决了照片小的问题。炭精肖像画曾在大城市风靡一时，然而在江西却遇到了顽强的抵抗。其原因有二：一是炭精肖像画容易发黄、变质，不能久放；二是江西瓷板肖像画比炭精肖像画更有优势，不变质，容易长期保存，于是南昌瓷板肖像画取代炭精画就成为历史的必然。

19 世纪中期开始，景德镇出现大量的浅绛彩瓷板画，瓷器不仅是绘画装饰的对象，也开始成为绘画艺术品的载体。随着黑色瓷画颜料的改进，黑色瓷画可重复烘烤，即第一次烘烤不够理想，可以进行修改、加色，然后进行第二次入炉烘烤，直至达到理想状态为止。这就为精准的瓷板肖像画提供了技术条件。

南昌瓷板画的发展，大致经过六代传承。

第一代为邓碧珊，引进九宫格方法画瓷画，人物轮廓准确，放大自如，经过一再试验，效果良好。可以说邓碧珊是瓷板肖像画的祖师爷。

第二代为王琦，早年跟从邓碧珊学习瓷板肖像画，逐渐形成自己独特的风格，即运用颜料的厚薄，表现人物面部的立体感。

第三代为梁兑石，毕业于饶州窑业学堂，曾师从王琦，学会了瓷上肖像画技法。民国初年，他在南昌中山路开设了丽泽轩瓷庄，招收学徒，聘请艺人，按照顾客要求，绘制瓷板肖像画。他在南昌培养了一批瓷板肖像画人才。

第四代为吴月山，以丽泽轩瓷庄艺人为主，成立南昌工艺美术合作社，后改为南昌工艺美术厂，吴月山、杨厚兴师徒是主要传承人。

第五代为杨厚兴，他结合长期的瓷画绘制经验，独创了“小弧线”的瓷画语言，使黑白瓷板肖像画上升到彩色肖像画阶段。

第六代为冯杰，他师从杨厚兴，不仅继承了杨厚兴的瓷上绘画技艺，并且形成了自己的绘画风格，在南昌瓷板肖像画的振兴过程中发挥了极其重要的作用。

《前行的状态》冯杰 / 现代

《伊文思瓷板画》杨厚兴 / 现代

《征服珠峰》冯杰 / 现代

从 1964 年春季开始，杨厚兴连续参加了六届广交会，现场进行瓷板画绘制表演，扩大了南昌瓷板画在世界上的影响力。因他在瓷板画方面的突出贡献，1979 年 8 月 14 日，他受到中央首长的接见，并于同年被中国轻工业部授予“中国工艺美术家”的称号。现今南昌瓷板画领军人物冯杰被评为“国家工艺美术大师”、国家级非物质文化遗产传承人。

后记

《豫章文化》在编写的过程中，得到了中共江西省委宣传部、中文天地出版传媒集团股份有限公司以及江西人民出版社领导的大力支持，也得到了江西科技师范大学宣传部的帮助，在此深表谢意。

本书在写作的过程中汲取了许多专家学者的研究成果，由于该书是普及性读物，未作注释说明，请谅解。

本书的分工情况如下：李丕文先生撰写第一章的一、二、三部分；吴久铭先生撰写第四章，其余部分皆由陈立立撰写和统稿。

豫章文化历史悠久，底蕴深厚，内容丰富，至今未见关于豫章文化的专著出版。由于作者学识有限，时间仓促，难免存在不足之处，诚盼读者、方家不吝赐教。

陈立立

2021 年 1 月

图书在版编目（CIP）数据

豫章文化 / 陈立立著 . —南昌 : 江西人民出版社 : 江西美术出版社 , 2021.4
（江西文化符号丛书）
ISBN 978-7-210-12790-1

Ⅰ . ①豫… Ⅱ . ①陈… Ⅲ . ①地方文化 - 南昌 Ⅳ . ① G127.561

中国版本图书馆 CIP 数据核字 (2020) 第 271914 号

出 品 人　张德意
编辑统筹　陈世象　方　姝
责任编辑　李鉴和　邓丽红
责任印制　潘　璐
书籍设计　梅家强　林思同 
图书诵读　雪　坤

江西文化符号丛书
豫 | 章 | 文 | 化
JIANGXI WENHUA FUHAO CONGSHU
YUZHANG WENHUA

著　者：陈立立
出　版：江西人民出版社　江西美术出版社
地　址：南昌市三经路 47 号附 1 号
邮　编：330006
电　话：0791-86892125
网　址：www.jxpph.com
经　销：全国新华书店
印　刷：浙江海虹彩色印务有限公司
版　次：2021 年 4 月第 1 版
印　次：2021 年 4 月第 1 次印刷
开　本：710 mm×1000 mm 1 / 16
印　张：14.75
ISBN 978-7-210-12790-1
定　价：65.00 元